走出 性别困境

"跨性别"与"性别焦虑"的医疗援助

潘柏林 —— 著

上海科学技术文献出版社
Shanghai Scientific and Technological Literature Press

图书在版编目（CIP）数据

走出性别困境："跨性别"与"性别焦虑"的医疗援助 / 潘柏林著 . —上海：上海科学技术文献出版社，2023（2023.11重印）
 ISBN 978-7-5439-8840-8

Ⅰ. ①走… Ⅱ. ①潘… Ⅲ. ①性别异常人—普及读物 Ⅳ. ① R872.6-49

中国国家版本馆CIP数据核字（2023）第 091486 号

策划编辑：张　树
责任编辑：王　珺
封面设计：留白文化

走出性别困境："跨性别"与"性别焦虑"的医疗援助
ZOUCHU XINGBIE KUNJING: KUAXINGBIE YU XINGBIE JIAOLÜ DE YILIAO YUANZHU
潘柏林　著

出版发行：上海科学技术文献出版社
地　　址：上海市长乐路 746 号
邮政编码：200040
经　　销：全国新华书店
印　　刷：商务印书馆上海印刷有限公司
开　　本：720mm×1000mm　1/16
印　　张：6.75
字　　数：110 000
版　　次：2023 年 6 月第 1 版　2023 年 11 月第 2 次印刷
书　　号：ISBN 978-7-5439-8840-8
定　　价：38.00 元
http://www.sstlp.com

荣誉顾问：夏兆骥　胡佩诚

主　　编：潘柏林

副 主 编：刘　烨　韩　萌　陈冰锐

参 编 者（首字母排列）：

　　　　　常　旭　　崔笑宜　　电　烤　　金旻彦

　　　　　李泓德　　李　莹　　刘江源　　松　子

　　　　　王关卉儿　温佰霖　　吴沁霖　　向智彪

　　　　　徐小青　　杨　欣　　杨星楷　　张　立

　　　　　赵润蕾　　郑子予

编者简介
EDITOR'S INTRODUCTION

潘柏林

北京大学医学博士，北京大学第三医院成形外科副主任医师，副教授，硕士生导师，跨性别综合医疗负责人。在北京大学第三医院创建国内第一支跨性别序列医疗团队，整合心理咨询科、内分泌科、生殖医学、耳鼻喉科、普通外科、整形外科等专业领域的医疗资源，开设"易性症综合门诊"，为跨性别者提供所需的基础关怀、家庭宣教、心理疏导、激素替代、性别重置手术、气质塑造等序列诊疗服务。开发了跨性别医疗微信小程序"TransMed"，发起并多次组织全国跨性别医疗学术论坛，参与国内首个易性症诊疗专家共识的编写，参与2021年全国跨性别生存状况调研，作为学术专家受邀参与国家对《性别重置技术临床应用管理规范（2022年版）》的修订，自行筹款发起国内首个跨性别公益基金"栢林基金"。曾受访于CCTV、凤凰卫视、《凤凰周刊》《南方人物周刊》《南华早报》《新京报》，以及腾讯视频、"一席"论坛、丁香园、医学界等媒体。

刘 烨

北京大学医学博士，北京大学第三医院内分泌科副主任医师。曾赴香港中文大学、丹麦哥本哈根里格斯医院（Rigshospitalet）、美国哈佛医学院乔斯林（Joslin）糖尿病中心学习。专业方向：糖尿病、内分泌代谢与生殖健康、跨性别青少年和成人激素治疗。以第一或责任作者发表Lancet内分泌学刊、DOM等中英文论文20余篇，参与我国首部《中国易性症多学科诊疗专家共识》的撰写。主持国家自然科学基金、北京市自然科学基金等科研项目，并参与多项国家和省部级科研课题。担任 Diabetes Obes Metab 等中英文期刊审稿人。曾获北京市优秀住院医师、北医三院优秀青年医师、北京大学青年学术骨干、北京市科技进步三等奖、北京大学优秀共产党员等荣誉称号。

韩 萌

清华大学万科公共卫生与健康学院博士后，国家二级心理咨询师。博士毕业于北京大学医学人文学院医学心理学系，主要研究领域包括性别认同发展，性别焦虑，性与性别多元群体的少数群体压力、情绪问题等主题。在国内外相关领域的学术期刊发表了多篇学术论文。翻译认知神经科学书籍《大脑的一天》。具有丰富的临床心理评估与咨询受训经历。主要工作方向包括情绪问题、亲密关系、个人发展与成长等议题。曾任北京大学医学部兼职心理咨询师、中国政法大学兼职心理咨询师。

陈冰锐

非二元性别者，跨性别公益人，全国跨性别热线接线员，青年跨性别者危机干预网络共同发起人，曾负责《2021全国跨性别健康调研》项目协调、第六届跨性别青年营、第二届跨性别友善医疗讲座、跨性别医疗论坛等，参与编写国内首部《跨性别医疗照护手册》并主持第二版重编，长期从事跨性别反家暴反扭转治疗及去污名相关化工作，拥有丰富的跨性别社群工作经验。

目录

何谓"跨性别"
一、性与性别多元化 ... 01
二、跨性别的定义 ... 04
三、跨性别的常见表现 ... 05
四、跨性别的可能原因 ... 06
五、跨性别的诊断 ... 08

"跨性别"的常见误区
一、跨性别是精神疾病吗 ... 09
二、跨性别者有心理健康问题吗 ... 10
三、跨性别是同性恋吗 ... 12
四、跨性别都是从小开始的吗 ... 12
五、跨性别是"跟风"或"西方文化"吗 ... 13
六、跨性别是个别现象吗 ... 14
七、跨性别是"不道德"吗 ... 15
八、跨性别都要改变自己的性别吗 ... 15
九、跨性别者都会不幸福吗 ... 16

跨性别人群的医疗支持
一、医疗支持对跨性别人群的意义 ... 17
二、跨性别人群医疗照护的基本流程 ... 18

跨性别人群的心理与家庭支持
一、家长如何接纳跨性别子女 ... 21
二、跨性别人群如何进行心理调适 ... 26

三、跨性别人群如何确立新的生活方式　　28

跨性别人群的内分泌治疗

一、跨性别青少年：青春期抑制治疗　　30

二、跨性别成人：性别肯定的激素治疗　　31

跨性别人群的性别肯定手术

一、男→女的性别肯定手术　　37

二、女→男的性别肯定手术　　48

嗓音训练与生育力保存

一、嗓音训练　　56

二、生育力保存　　57

跨性别常见伴发健康问题的防治

一、体形　　59

二、自闭　　60

三、泌尿系统及妇科健康问题　　60

四、心血管疾病　　61

五、骨质疏松　　62

六、内分泌与代谢功能　　62

七、皮肤健康状况　　63

八、性传播疾病　　63

九、恶性肿瘤　　64

"过关"：融入新生活

一、完成性别肯定手术后性别身份变更相关程序　　66

二、恰当的性特征表达与良好的气质塑造　　67

倾听 Ta 的故事
一、张克莎：大陆性别转换第一人　　69
二、小丽（化名）：扭曲的青春　　77
三、Joey（化名）："我以后肯定会变成一个男孩"　　81

附录一：性别重置技术临床应用管理规范（2022年）
一、医疗机构基本要求　　87
二、人员基本要求　　88
三、技术管理基本要求　　88
四、培训管理要求　　89

附录二：整理您的医疗档案　　91

参考文献　　93

何谓"跨性别"

一、性与性别多元化

想理解"跨性别",要先从**"性别"**(Gender)开始。

对于普通大众来讲,"性别"无非就是"男"和"女"。这个延续了数千年的"真理",是建立在大家都认同的生物学角度上的认知,即一个人出生的时候带有哪套性别的生殖器,就自然而然地被定义为哪种性别。也是因为有了这种基于生物基础的两性概念,人类社会也逐渐对两种性别有了更深层次的区分,包括两者在外表、服装、配饰、行为特征,甚至社会功能上都存在不同的标准和规范。

社会中大多数的人群,对这种性别的分类以及衍生出来的外在标准和规范是认同的。例如,大家会认为男性理应表现得阳刚,不应该留长发、穿裙子,应该喜欢女性,并肩负男性的责任等等。这也逐渐形成大多数人对性别约定俗成的固有认知,或称**"性别刻板印象"**(Gender Stereotypes)。

这种固有认知是如何形成的?要解释这个现象,需要先解释几个概念。

生物学性别(Biological Sex):基于染色体及性腺类型划分的性别,分为男性(male)、女性(temal)以及性发育异常(间性人,intersex)。

出生指派性别（sex assigned at birth）：指出生时被他人（如医生、警察、父母等，根据生殖器特征所指派的性别。通常表现为在出生证明、身份证件等上面的性别标记。

性别认同（Gender Identity）：一个人对其作为男性或女性或某种替代性别的深刻而内在的感受，即"我认同我是什么性别"。

性别表达（Gender Expression）：通过外表、服装、配饰和行为来展现性别认同或角色的个人表达，即"我想让大家认为我是什么性别"。

性倾向（Sexual Orientation）/情感倾向（Romantic Orientation）：指在性和情感上被什么性别的人所吸引，以及这种吸引可能导致的行为和/或社会关系，即"我喜欢什么性别的人"。

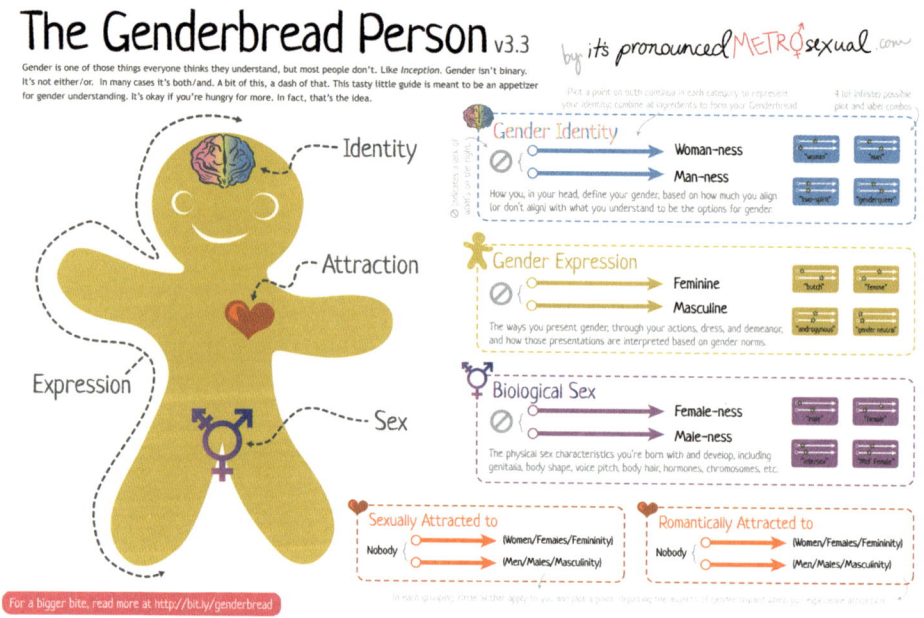

性多元化科普图

性别认同、**性别表达**、**性倾向**、**情感倾向**这几个维度，通常有着与生俱来的明确指向，同时也受到社会传统文化与习俗的一些影响，从而形成一种稳定的思想和行为习惯。

对于社会上大多数人，**性别认同与性别表达**是与其生物学性别高度相符的。例如，生物学性别为男性者，通常也会认同自己是个男性，会按照约定俗成的男性特征来表现自己。对于这种大多数人，我们有一个人口学上的定义，叫"**顺性别**"（Cisgender）。然而，随着学术界对性别多元化现象的发现和研究，我们也发现社会中也存在一定比例的"非顺性别人群"，他们带有与所谓的"普通人"不一样的特征，人们给这些现象也分别进行了命名。例如性别表达与其生物学性别不一致，喜欢按相反性别形象穿着打扮自己，称"**易装者**"（Cross dresser）；而性别认同与生物学性别不一致，即深信自己应该属于与指派不一样的性别，则称为"**跨性别**"（Transgender）。除此以外，还存在一种人群，Ta 们深刻而内在地感受到，自己既不完全只是男性，也不完全只是女性，而是某种非男女二元的性别，Ta 常常被称为"**性别酷儿**"（Gender Queer）以及"**非二元性别**"（non-binary）。

对于**性倾向与情感倾向**，大多数人会指向异性，称"**异性恋**"（heterosexual）。相反，指向为同性者，则称"**同性恋**"（Homosexual）；指向可为同性亦可为异性者，则称"**双性恋**"（Bisexual）。

概念＼维度	生物学性别	性别认同	性别表达	性倾向
顺性别异性恋男性	男	男	男	女
顺性别异性恋女性	女	女	女	男
易装者	男/女	通常与出生分配性别一致	男扮女装 女扮男装	不确定
男同性恋	男	男	男或中性	男
女同性恋	女	女	女或中性	女
跨性别男性	女	男	男	不确定
跨性别女性	男	女	女	不确定
性别酷儿	男/女	不完全是男或女	不完全是男或女	不确定

所有这些性与性别特征非常规的人群，我们统称"**性与性别少数群体**"（LGBTQ+）。这里需要特别指出的是，无论是顺性别人群、异性恋人群，还是性与性别少数群体，人们所持有的性与性别特征，通常是与生俱来，而并非后天环境影响或学习获得。同时，这种持有的性与性别特征，亦可能表现为一种非男女二元的"中间状态"，有如彩虹光谱一样，可能会落在连续光谱中的任何位置，而并非只有两端。例如，个别跨性别女性可能仅表现为无法接纳自身的外生殖器，但又不希望完全改变为女性身份；个别跨性别男性仅表现为对月经的厌恶，但能接受乳房等等。然而，由于普通大众对性与性别少数群体的认识和接触有限，同时也受到前述传统文化中"性别刻板印象"的影响，很多人会先入为主地将性与性别少数群体的行为和表现理解成"不良癖好"或者"心理疾病"等，这其实对于他们是极不公平的。事实上，性与性别少数群体在追求自身幸福的过程中并不会对身边的人与社会造成伤害；相反，他们中很多人也是各行各业的优秀人才，为社会做出过杰出贡献，纵使他们在社会中要忍受比常人更多的压力。所以，性与性别少数群体也需要受到尊重与理解，而不应被社会遗弃在边缘地带。

二、跨性别的定义

"**跨性别**"（Transgender，Trans）一词最早由德国精神病学家约翰·奥利文（John Oliven）于 1965 年提出[1]，是一个概括性术语，指代对自身的性别认同不同于其生物学性别的个体或群体，其中包括**跨性别女性**（Male-to-Female，MtF，Trans-woman），即其生物学性别为男性、自我认同为女性的跨性别者，**跨性别男性**（Female-to-Male，FtM，Trans-man），即生物学性别为女性、自我认同为男性的跨性别者以及一切与二元性别不相符的非性别常规者。

跨性别主要特征为对自己性别的不认同，这种不认同往

跨性别符号

往在幼年时萌发，在儿童时期可能尚未有明显的表现或行为异常，或仅表现为喜欢与异性为伍，产生一些儿童时代对立性别的兴趣爱好（如：男孩喜欢娃娃，女孩喜欢玩具手枪），在"过家家"等假扮游戏中扮演对立性别的形象，以及喜欢模仿对立性别形象的言语行为等。大多数跨性别者会在青春期时逐渐出现对自己身体的不接纳。例如，跨性别女性会憎恨自己的胡须、喉结，听到自己的声音逐渐变粗感觉到不安，对勃起、射精等现象厌恶，甚至不希望自己长高、变得

魁梧等；跨性别男性会视月经为深恶痛绝的生理周期，憎恨自己的乳房，甚至尝试用一些束胸捆绑自己的胸部使之变平。这种不接纳随着第二性征的发育逐渐加重，严重时甚至产生明显的焦虑和抑郁，影响到正常学习和社交。

三、跨性别的常见表现

如果发现有以下行为，需要考虑跨性别的可能性：

1. 持续认为自己是属于与自身生理对立的性别，并试图以对立性别身份定位自己的各种角色和行为，例如，喜欢异性服装、异性打扮，呈现异性举止，表现出异性的性格特征等；

2. 希望身边的人以对立性别身份认同自己、理解自己，当被指出其原本性别身份时，会感到无比恼恨和绝望；

3. 对自己的身体性征和生理现象深恶痛绝，包括阴茎、胡须、射精现象、乳房、月经等，采取一切办法隐藏这些性征和现象，甚至自残等，该现象多在青春期时加剧；

4. 因性别不认同而产生一定的焦虑和抑郁，影响正常的学习、工作、生活、社交，出现辍学、孤僻、自闭、黑白颠倒现象，厌倦现实社会，通过沉溺

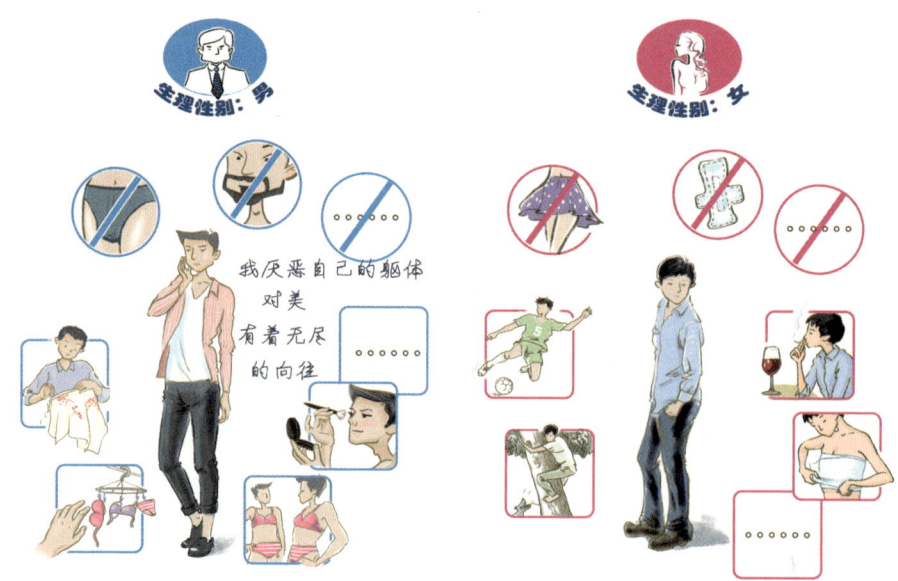

跨性别者的青春期表现

于虚拟世界获得满足;

5. 对医学手段改变自身性征有强烈需求,主动寻求相关药物与手术,但拒绝"扭转治疗"(详见"跨性别人群的心理与家庭支持"章节相关内容)。

以下行为不能作为排除跨性别的依据:

1. 幼年时从未发现以上几条表现;

2. 平时并没有表达出对立性别的行为举止与性格特征,例如,"男孩子"平时性格很豪放、不爱干净、好动等,不能作为排除"跨性别女性"的依据;

3. 学习成绩好,社会功能无异;

4. 情感取向或者性取向为异性。

四、跨性别的可能原因

到目前为止,医学上对于跨性别的成因还没有明确的结论。一般来说,学界上有从"先天论"(生理因素)和"后天论"(社会因素)两方面提出理论和开展研究。

先天论的主要研究有：

- 遗传因素：研究发现，跨性别女性比顺性别男性更有可能拥有更长类型的雄激素受体基因，减少了雄激素信号传导，让其形成女性的认同[2]；而持有女性特异性的等位基因分布模式的丧失，则可能与跨性别男性相关[3]。与基因不同的异卵双胞胎相比，基因相同的同卵双胞胎更有可能两人同为跨性别[4]。

- 大脑结构与功能：大量研究发现，跨性别女性的某些大脑结构与功能更接近顺性别女性而非顺性别男性，而跨性别男性的某些大脑结构与功能则更接近顺性别男性而非顺性别女性。

- 产前激素暴露：多个研究发现，产前雄激素暴露水平与跨性别有关。例如，指长比（一种普遍接受的产前雄激素的暴露标志）与跨性别女性存在相关性。

后天论的主要理论有：

- 精神分析理论：该理论认为，跨性别是由于性心理发育遇到障碍，产生了固着从而形成。

- 社会学习理论：该理论认为，由于童年时没有按照生物学性别的社会常规进行抚养教育，或同性别家长缺位，异性别家长与儿童过于亲密，导致儿童在社会化过程中未能习得顺性别的心理。

但后天论存在很多争议，很多证据并不能支持其理论的成立，包括：

- 约翰·曼尼双胞胎实验的失败：历史上曾有学者进行过针对性别后天塑造的实验。大卫·利马（David Peter Reimer）诞生于加拿大曼尼托巴温尼伯，与兄弟布莱恩（Brian）为一对同卵双胞胎兄弟。因为大卫的阴茎在一次包皮切割手术时被意外损毁，于是，在心理学家约翰·曼尼的建议之下，他的母亲让他进行了性别重置手术，把他当作女孩来抚养。这个案例被约翰·曼尼发表出来，并且在当时被视为相当成功。人们认为这个案例是"性倾向可后天重塑"的重要证据。但之后，米尔顿·戴蒙（Milton Diamond）

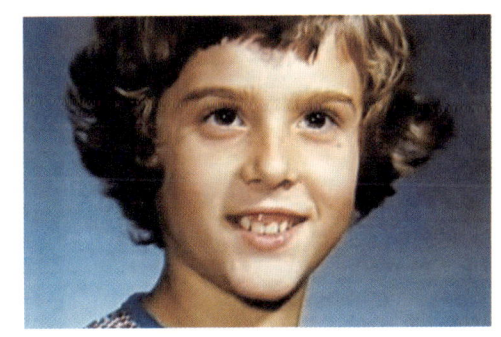

大卫·利马（1965—2004）

报道了利马在 9~11 岁之后开始对女性这个身份产生排斥,并且从 15 岁之后开始以男性的身份生活。利马还公开了他的故事,来阻止类似的后天性别重塑行为。

- "扭转治疗"的失败:对跨性别者进行顺性别塑造,同样被证明是无效且有害的。"扭转治疗"就是其中的一种塑造,具体详见"跨性别人群的心理与家庭支持"章节相关内容。
- 性别认同的心理发展:有些跨性别者在 2~3 岁就已形成跨性别认同,在此后的社会化过程中并未受到影响,跨性别认同持续终生。
- 社会因素的多样性:与顺性别一样,跨性别的成长环境、家庭抚养方式和社会关系等都是多种多样的。

所以,目前跨性别的成因仍未清楚,尚缺乏统一的解释。跨性别的表达模式也很多元化,令任何单一或简单的解释都难以立足[5]。但更多学者认为,先天因素在其形成中占有更多的可能性。

五、跨性别的诊断

"跨性别"的判断需要到对该领域有经验的精神科或心理咨询科处就诊,但由于跨性别者躯体上并没有实质性的可检测到的病变,所以目前的判断主要还是通过沟通和一些心理评估量表的测试。在初次沟通时,通过了解来诊者的既往情况、目前状态,以及将来的希望等,精神科医生或心理咨询师会作出初步的判断。然而正式的诊断证明则通常会根据精神科医生的工作流程以及相关规定,需要经过足够的观察时间后才给予开具。"跨性别"目前在精神科领域的诊断名称可能有**"易性症""性别不一致""性别焦虑""性别不安""性别烦躁""性别认同障碍""性身份障碍"**等。

"跨性别"的常见误区

一、跨性别是精神疾病吗

由于社会对跨性别现象的接触与认识有限,很多人会认为这是一种不良癖好,甚至是一种精神疾病。实际上,以目前的医学检查手段,并没有发现跨性别者身体的任何部位存在"病变"。正如上文所说,性别的认同是心理性别的一个维度,而这种认同存在多样性,就如每一个个体的行为偏好存在多样性一样,不能因为其与传统的"性别刻板印象"不一致而被视为一种病态。

随着科学和社会的进步,对跨性别的认识不断增加,新的疾病分类和诊断标准逐步对跨性别进行去精神病化。2013年,美国精神医学学会发布的《精神疾病诊断与统计手册第5版(DSM-5)》中,将跨性别的认同和表达描述为"性别焦虑"(Gender dysphoria)、"异装障碍"(Transvestic disorder)[6]。2018年,世界卫生组织发布了《国际疾病分类第11版(ICD-11)》,将跨性别的认同和表达从旧版ICD-10中的精神疾病与心理障碍类别中全部删除,同时在"性健康相关状况"章节中增加了"性别不一致"(Gender incongruence)的编码[7]。

> 第17章 性健康相关情况（Conditions related to sexual health）
>
> 性别不一致（Gender incongruence）
>
> 性别不一致的特点是个人经验性别与指定性别之间存在显著且持续的不一致。仅仅是性别差异行为和偏好本身并不能作为该组诊断的依据。
>
> > HA60 青春期或成年期性别不一致
> > （Gender incongruence of adolescence or adulthood）
> >
> > ·青春期和成年期性别不一致的特点是个体的体验性别和指定性别之间存在明显且持续的不一致，这往往导致"转变"的愿望，以便作为一个体验性别的人生活和被接受，通过激素治疗、手术或其他医疗保健服务，使个人的身体尽可能地与体验性别一致。青春期开始之前不能给予此诊断。仅仅是性别差异行为和偏好本身并不能作为诊断的依据。
> >
> > HA61 童年期性别不一致（Gender incongruence of childhood）
> >
> > ·童年期性别不一致的特点是青春期前儿童的个人体验/表达性别与指定性别之间存在明显不一致。它包括强烈希望成为与指定性别不同的性别；儿童强烈不喜欢其性解剖结构或预期的第二性征和/或强烈渴望获得与体验性别相匹配的主要和/或预期的第二性征；以及假扮或幻想游戏、玩具、游戏或活动和玩伴，这些都是典型的体验性别，而不是指定性别。这种不一致必须持续约2年。单纯性别差异行为和偏好本身并不能作为诊断的依据。
> >
> > HA6Z 未特指的性别不一致（Gender incongruence, unspecified）
> >
> > ·此分类为"未特指的"残余分类。

ICD-11 "性别不一致" 部分内容

新的定义与分类减少了对跨性别群体的污名化，有助于提升社会对跨性别群体的接受度，同时也使跨性别者能够更加主动地寻求并且获得所需的医疗保健服务。

二、跨性别者有心理健康问题吗

虽然跨性别不是精神疾病与心理障碍，但由于跨性别者长期对自己身体不认同，以及周围环境和社会对他们的不理解与不接纳，致使他们在生活中承受不少内部和外部的压力。久而久之，这些压力会逐渐造成一些心理健康问题，例如焦虑、抑郁、物质滥用、饮食失调、孤独症，甚至自残自杀等。跨性别本身并不会必然引起这些问题，也有很多跨性别者通过恰当的方式疏通压力，从而保持良好的心理健康状态。但对于多数跨性别者来说化解这些持续的压力并非易事，造成的困扰常常会直接影响到 Ta 们的日常生活，包括学习、工作、社交、婚恋等等，甚至会引起一些极端事件的发生。所以，建立跨性别医疗的目的，就是帮助跨性别者通过适合的方式缓解压力，增强自我接纳，减轻焦虑和抑郁，恢复正常的心理健康状态和社会功能。

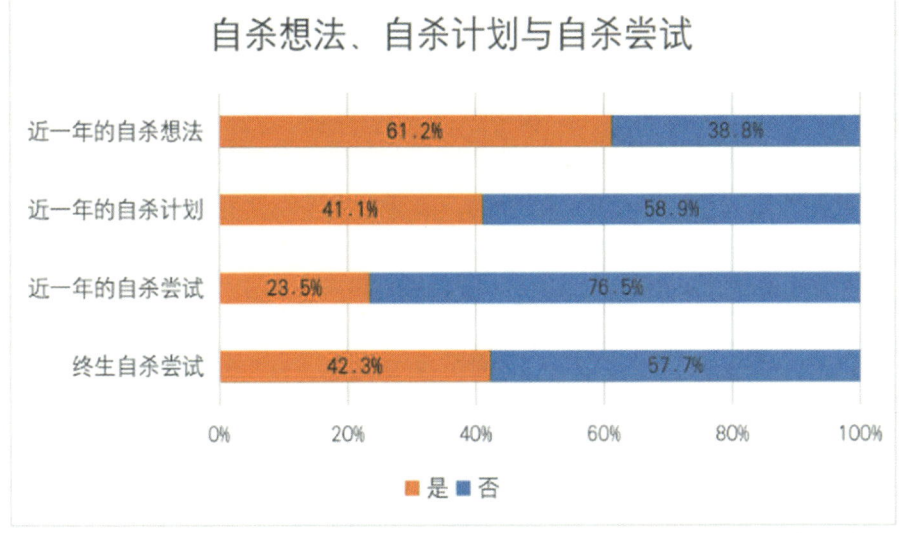

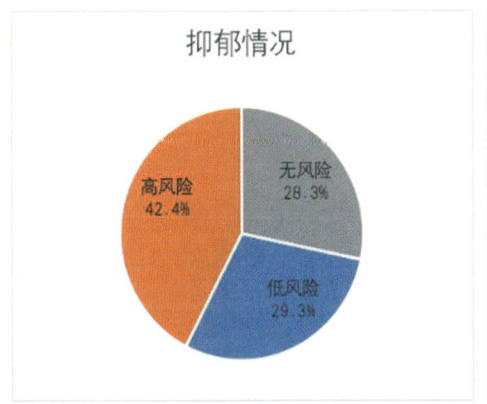

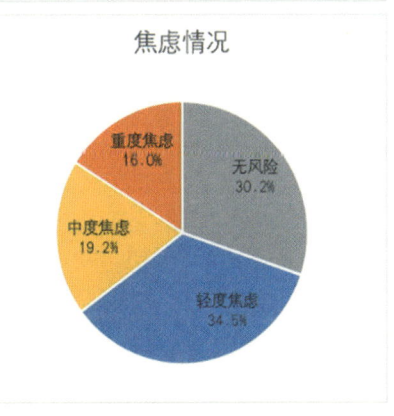

2021年中国跨性别群体生存状况调查[8]

但在诊断与治疗之前，我们需要明确焦虑、抑郁等心理健康问题与跨性别之间的关系，即前者是因"性别焦虑"而产生，还是两者同时并存，抑或是因为焦虑抑郁甚至精神分裂等引发"对性别的不确定"，或者用"性别焦虑"来逃避一些现实问题和责任义务等。我们应通过深入有效的沟通，了解焦虑抑郁的原因中有多少比例是来源于"性别焦虑"。当"性别焦虑"为其主要来源时，性别肯定治疗通常会有缓解焦虑的明确效果；否则，如果存在与"性别焦虑"无关的精神障碍，应先积极治疗这些精神障碍。

三、跨性别是同性恋吗

正如上文所述，"跨性别"和"同性恋"虽都属于性与性别少数现象，但两者的概念不一样。"同性恋"指的是性或情感倾向上指向同性，即"我喜欢跟我同种性别的人"，但他们并没有对自己的性别产生怀疑甚至不认同，亦很少因为无法自我接纳而产生性别焦虑，故通常亦不需要医疗手段的帮助。而"跨性别"是对自己的性别不认同，并且常常由此产生不同程度的性别焦虑，而 Ta 们的性倾向和情感倾向可能是异性，也可能是同性。而在人群中发生比例方面，"同性恋"要远远多于"跨性别"。

性/性别少数维度	分类	性倾向/情感倾向	性别焦虑	医疗帮助	人群发生率
性倾向/情感倾向	同性恋	同性	无	不需要	2.8%~5.8%[9]
自我性别认同	跨性别	异性或同性或不确定	多数有	多需要	0.3%~0.5%[10]

四、跨性别都是从小开始的吗

临床上遇到的跨性别就诊者，通常以青少年为主，并自述从小开始就感到自己与众不同。但也有一些人表示在成年之后才意识到自己性别不认同的想法，这种不典型的情况能说明他们不是跨性别者吗？

性别不认同出现的年龄，并不能作为跨性别者的判断依据。有些人可能从有记忆起就开始产生性别不认同的意识，也有些人可能在青春期或之后才产生意识，甚至还有一部分在成年之后才逐渐出现。

另外，身边的实际环境和人际关系会影响跨性别者判断是否表明身份以及表明身份的方式。一些人可能会在青少年阶段在家长和社会的影响下选择隐藏自己，随着年龄的增长，其中一部分人隐藏自己的念头会逐渐动摇，最后在平衡被打破时选择明确表达自己的性别认同。这也是临床上出现大龄就诊者的一种可能。

也有极少部分人的性别认同会在社会生活与自我探索的过程中发生一次或者多次流动，这类人可以称为"流性人"。流性人可能会在某一次性别认同流动后，才决定"出柜"或寻求性别肯定医疗，这时他们可能已经成年。

五、跨性别是"跟风"或"西方文化"吗

近两年，社会对跨性别者的关注也越来越多，纪录片、电影及新闻报道让跨性别者逐渐走进大众视野。寻求医疗服务的跨性别者也随之增多，这是否说明跨性别是受到潮流影响的一种"跟风"呢？

的确，部分跨性别者可能会表达与"同类相处"或者看到跨性别节目或阅读跨性别有关的资料时有一种亲近感，从而明确了自己的跨性别身份。但这并不能说明跨性别是一种跟风效仿的行为。事实上，大多数跨性别者都曾经尝试过努力学习顺性别认同及表达，但都没有成功，Ta们可能不会直接声称自己是跨性别者，但仍然认为自己属于异性，并寻求文化上的认可。而了解其他跨性别者的存在，并不是导致Ta们认为自己是跨性别者的原因，相反，Ta们获得了更多机会来表达真实的自己。

跨性别现象并非近年才出现，最早有关跨性别者的记载可以追溯至古埃及，其中的一位法老可能因为变更性别未被批准，下令移除了所有神像的阴茎。而最早关于跨性别的现代研究专著发表于20世纪初[11]，第一台性别肯定手术也于1917年在美国完成[12]。这些都足以证明跨性别并非流行文化的产物。

跨性别也并非所谓的"西方文化产物"，对于传统文化思想根深蒂固的中国古代，我们也能在一些文学作品中找到跨性别的影子。清代袁枚所撰的《子不语》中有一则《假女》，讲述了一名"男子"自小学习女装的故事；而冯梦龙的《警世恒言》上也记载了"刘小官雌雄兄弟"女扮男装的故事。虽然很难

考究这些故事的主人公是否确凿是跨性别，但至少我们可以看到民族文化中古人对该现象亦有过记载和思考。而乾隆年间发生的"熊尔圣案"，为官方所察觉的最接近当今认知的"跨性别"现象[13]。该案中熊尔圣行为的诸多细节，展示了一个为隐藏自己真实性别身份的"男扮女装"者，尽管初期颠沛流离，频繁迁移，但最终成功建立并牢固了社会关系，又因并无犯罪倾向，而成功长久地保守秘密的"跨性别者"的生命历程。

可见，"跨性别"是在任何时代、任何地域、任何种族都存在的一种隐秘群体。

六、跨性别是个别现象吗

对于社会上的普通人来说，生活中并不多见跨性别者。甚至很多家长在听到自己孩子是跨性别时，不由得感叹"这种倒霉事情怎么摊到我孩子身上了！"

实际上，跨性别并不算是一种罕见现象，虽然目前在国内仍缺乏具体的流行病学数据，但我们可以从一些资料中进行粗略地计算。根据联合国开发署发布的一篇关于亚太地区跨性别人群的报告，在该区域，15岁及以上跨性别者人数约占总人口数量的千分之三[10]。来自美国精神病学学会的数据是，跨性别女性比例约为 0.005%~0.014%，跨性别男性比例约为 0.002%~0.003%[6]。如果我们试着使用这些比例去计算中国跨性别人群的数量，那么我国的跨性别者人数约在 10~400 万之间。

然而，大多数人在努力了解相关知识后也才仅仅了解到 1~2 位社会知名人士是跨性别者，如舞蹈家金星。不禁质疑，跨性别者的数量真的有这么多吗？

跨性别者社会能见度低是由综合且复杂的社会文化背景造成的。跨性别者在心理健康、医疗、校园生活、就业、家庭和亲密关系等诸多方面都面临着严重的挑战，这些挑战使得 Ta 们往往伴随着抑郁或者焦虑的状态，使其并不容易走出家门去融入社会。同时，为了避免遭受歧视与区别对待，Ta 们往往选择在社会环境中隐藏自己的身份。就某种程度而言，这样的生存现状和潜在的社会伦理问题，也成为科学信息传播和学术研究的阻碍，最终使我们社会大众对跨性别议题感到陌生。

七、跨性别是"不道德"吗

跨性别者时常被家人或身边的人认为是与社会常规作对，甚至是道德败坏，并以此施加语言和躯体暴力。实际上，这对于跨性别群体来说是极不公平的。首先，性别不认同并非 Ta 们主观希望和追求的意愿，相反还是造成 Ta 们焦虑的来源，Ta 们在应对自身性别焦虑的过程中已承受不小的压力，本应受到社会同情，而不应因该现象与大众传统认知不符而更加遭受另一份压力。其次，跨性别人群去追求自我接纳过程中，并没有违反法律或者破坏行为规范，亦不会做出损害他人利益的行为。例如，很多跨性别女性为了避免进男厕所的尴尬，会选择宁愿一直憋尿或者佩戴纸尿裤，也坚持不上公共厕所。因此，将跨性别现象与具体道德准则相联系的推论，实际上是人们受刻板印象所引导的主观臆断，是没有客观依据的。

另外，有的人会认为跨性别者无法生育违背了种族延续的道德，但事实上跨性别者在良好医疗条件的支持下是可以保留生育机会的，也并不是所有选择不生育的人都是跨性别者，相反，社会应该提供更完善的配套方案帮助跨性别人群合理合法生育。

道德是为了让人更好地追求幸福而产生的共识，不应成为因缺乏理解而对他人造成伤害开脱的借口。以道德的名义要求另一个人放弃合理的自由，这本身就是对他人感受的漠视，并试图控制受害者的人生。

八、跨性别都要改变自己的性别吗

并不是所有跨性别者都有明确的激素或手术治疗的需求。《2021 年全国跨性别健康调研报告》中的数据显示，在接受调查的跨性别者群体里，跨性别女性和跨性别男性的治疗需求比例分别是 82% 和 77%[8]。跨性别者是否希望通过医学方式进行性别肯定由多方面因素决定。

跨性别者自我探索的过程并非一步到位，也并不会在任何时候完全定性。通常需要在生活中长期实践及自我察觉后，跨性别者才能更好地肯定自己是否明确对性别肯定医疗的需要，这个过程也可以在心理咨询师的协助下完成。

每位跨性别者的烦躁程度以及与自我和谐的程度各不相同，是否接受性别肯定医疗会在自身实际需要与可能遇到的困难之间，经过权衡后倾向对自己更有利的选择。但无论这个选择是什么，性别肯定医疗都会在尊重当事人的前提下施行。

另外，跨性别者并不都倾向于二元性别分类，其中还有部分人群并不希望用男或女的性别身份来描述自己，也少有对代表二元性别特征的需求。因此这部分人群中，对性别肯定治疗有明确需求的比例也相对不高，需要完全成型再造的比例也相对不高。

总之，不能预设所有跨性别者都需要应用激素或进行手术，Ta 们可能完全不需要治疗，或者在适合自身具体情况的基础上选择一项或多项治疗。

九、跨性别者都会不幸福吗

站在一个世俗的视角来看，改变自己的性别身份，还要接受大型手术，这些似乎都是追求幸福过程中的阻碍，可能有人会因此认为接受了性别肯定医疗的跨性别者都不会幸福。有些医务工作者可能会出于善意劝阻跨性别者改变诉求，但这一举动反而会增加 Ta 们感受到的压力。

对于跨性别者来说，无论是真实生活体验、激素治疗还是肯定手术，这些过程本身都是在缓解自身内在的矛盾，并且更好地应对外界压力。有很多跨性别者在接受性别肯定医疗后同样获得了一般意义上的幸福，不但获得了父母的理解和支持，还有完整的亲密关系、成功的事业，同时孕育或抚养了后代，并有研究指出长期使用激素和手术不是跨性别者寿命长短的影响因素[14]。

真正影响跨性别者幸福与否的，并不来自放弃追求自身的性别认同，而是消除来自外界的歧视。良好的社会支持来源于温馨的家庭氛围和友善的社会环境，健康的身体和生育后代的机会来自充足的医疗服务资源，事业上的发展则需要平等的就业和受教育机会。这些都需要建立在全社会对跨性别人群更多理解和包容的基础之上。

跨性别人群的医疗支持

一、医疗支持对跨性别人群的意义

同前所述,虽然跨性别不是精神疾病,但长期对自己性别的不认同,同时承受外界压力,使其中不少人存在不同程度的焦虑、抑郁,处于亚健康状态。这种焦虑抑郁如果长时间得不到缓解,最终会给健康带来严重影响,甚至导致极端事件的发生。

根据世界跨性别健康专业协会(WPATH)修订的**《跨性别和性别多元化人群的健康照护准则(第八版)》**,作为特殊群体,跨性别者可能需要一系列医疗和相关服务,来减少性别焦虑和社会压力带来的心理健康问题。这些服务主要包括**心理服务**、**内分泌治疗**、**性别肯定手术**以及**嗓音**、**沟通训练**等。跨性

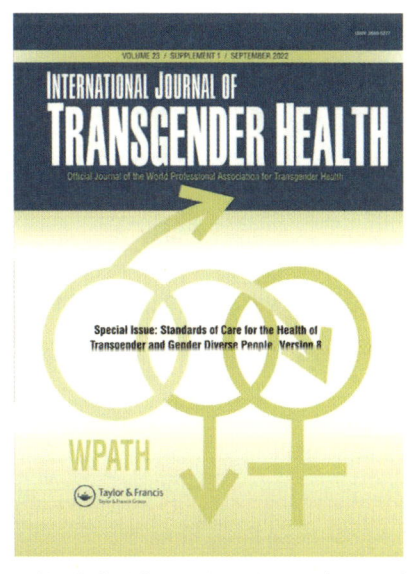

跨性别与性别多元化健康照护准则(第八版)

别者通过医学手段有限改变身体不被接纳的部分，使其更加接近认同的生理状态，从而缓解性别焦虑，恢复正常的心理健康和社会功能[15]。

值得注意的是，跨性别者需要的心理服务、激素治疗和性别肯定手术，并不是一种需要全部接受并且按规定的顺序进行的打包服务，而是非常个性化的。鉴于非二元性别状态的多种表现，在选择所需的医疗项目时，**应由跨性别者本人依照自身情况去选择接受哪些服务和按照什么样的顺序进行**。尽管有许多人同时需要激素治疗和性别肯定手术，以减缓自身因性别焦虑引起的心理健康问题，但是也有很多人只需要这些治疗选项的其中之一，甚至有些人什么都不需要。同时，治疗方案的具体设计，还需要参考跨性别者的心智情况、家庭接纳度、所处的人生阶段及社会环境、经济条件等进行综合考虑。

由于大多数性别肯定手术以及部分激素治疗的效果是不可逆的，而且这些治疗存在一定的风险与并发症，所以跨性别者在接受这些健康服务前，应参考专业人士的意见，做好充分的考虑和准备，**治疗务必在正规的医疗机构进行**，切忌在毫无监测的条件下自行盲目用药甚至手术。

二、跨性别人群医疗照护的基本流程

经过精神科或心理科医师初步接诊考虑符合诊断的跨性别者，在除外同时存在其他原因造成的精神障碍时，如果需要，可以给予必要的医疗照护。

医疗照护流程需要循序渐进，即：①基础服务与心理支持；②内分泌治疗；③性别肯定手术。对于初次来诊的跨性别者，无论自身情况处于任何阶段，都应该首先进行基础服务与心理支持疗法。不仅仅因为这是对身体创伤最轻的手段，也是为可能需要进行的下一步治疗做铺垫。同时，心理支持宜贯穿治疗全程，即在施行内分泌治疗和手术治疗时也需继续进行。

序列治疗具体项目根据来诊者的状态和需求个性化设计，任何的步骤都并非强制进行。

寻求医疗服务前

在决定求助于医疗程序时，建议就诊者/家长先做好以下准备：

1. 阅读相关科普材料，对"跨性别"及"跨性别医疗"做最基本的了解；

2. 充分剖析自己／孩子，确认目前的心理问题是否主要来源于"性别不认同"；

3. 先自行探讨目前可行、可接受并且能够帮助自己／孩子的行为方式或医疗选项；

4. 面诊前整理好自己／孩子的病历资料，概括归纳主要诉求；

5. 面诊前稳定情绪，确认面诊时能客观地描述自己的真实想法与经历，切忌带入主观臆断，甚至编造经历。

第一阶段：基础服务与心理支持、探讨新的生活方式

1. 治疗内容

- 详细叙述过往史，获取理解、共情和支持；
- 结合现状，分别设想改变性别与否所面临的各种优劣场景；
- 共同探讨如何面对家庭、职场等，寻求获得理解和支持的途径；
- 如有合并抑郁症等其他情况，先优先治疗，至少恢复到生活能够自理的水平；
- 对家庭成员进行科普宣教；
- 希望内分泌治疗者，充分了解内分泌治疗的应用方式、用后身体出现的变化以及副作用等。

2. 治疗的评价以及进入第二阶段的指征

对以上 6 条治疗进行评价，判断治疗效果，如果满足以下条件，则考虑进入第二阶段治疗：

- 对性别的不认同仍然持续，且苦恼未减轻；
- 始终要求内分泌治疗或手术治疗，并充分理解其产生的变化以及承受的风险；
- 对性别改变后可能面对的心理、家庭和社会压力已有充分思想准备；
- 与精神科医生或心理医生能继续保持就诊关系。

第二阶段：内分泌治疗、继续心理支持、确立新的生活方式

1. 内分泌治疗

包括青春期阻滞疗法（小于 16 岁）以及激素疗法（16 岁或以上），实施条

件及内容详见"跨性别人群的内分泌治疗"章节。

2. 第二阶段的心理支持

• 对第一阶段未解决的困惑继续获取指引与支持，评价接受内分泌治疗过程中的精神变化，继续探讨向往的生活方式；

• 分析内分泌治疗后出现的新情况，以及即将面临的困难，探讨解决方法；

• 因治疗而辞职、退学等情况时，在心理服务帮助下摆脱低落情绪，适应新环境；

• 探察有无手术要求，充分了解手术相关情况；

• 对家庭成员进行科普宣教。

3. 第二阶段的评价以及进入第三阶段的指征

• 拒绝内分泌治疗者，或接受内分泌治疗后依然对自身性别强烈不认同，苦恼依旧，强烈要求进行手术治疗者；

• 在社会中以所希望的性别角色生活 1 年以上，并且无反悔表现；

• 手术期间学习与工作等事宜的处理，以及术后的生活安排等已充分考虑妥当，精神上以及经济上都有能力自立者；

• 符合国家《性别重置技术临床应用管理规范（2022年版）》的有关条件规定。

第三阶段治疗：性别肯定手术、融入新的生活方式

1. 性别肯定手术

包括生殖器手术与非生殖器手术，实施条件及内容详见"跨性别人群的性别肯定手术"章节。

2. 第三阶段的心理支持

• 针对手术前后身体和心理状况产生的变化，以及之前所未预料到的一些情况等进行定期心理支持，直至完全接纳自己、适应生活；

• 学习如何恰当表达形象、气质、举止等，更好地融入社会。

跨性别人群的心理与家庭支持

跨性别人群需要获得全面的心理支持,以帮助他们尽量缓解自身不认同以及社会不认同所带来的焦虑。然而他们期待的心理支持,更多的是被理解、被支持、被认可、被指导,让其在接纳自己甚至改变自己的路上得以有足够的信心和动力前进,逐渐探索出适合自己的人生道路,恢复健康的生活轨迹。这种心理支持并非企图改变其性别认同上的任何"扭转"的尝试,后者通常只会引起跨性别者更加严重的焦虑和挫败感。

全面的心理支持不仅只对跨性别者,更重要的是面对其家人。在接纳一个跨性别的孩子上,家人同样不可避免地经历一些困惑和焦虑。为给予家人足够的信息普及,协助他们理解,避免这种焦虑进展成绝望、家庭关系破裂,甚至使跨性别者丧失治疗机会,同样需要给予家庭每一位成员定期、互动的科普宣教与心理支持。

一、家长如何接纳跨性别子女

1. 为什么孩子现在才跟我说?

很多家长刚了解到孩子可能是跨性别时,都会陷入非常大的困惑:"我的孩子以前从来没有跟我提起过这些,也从来没有表现出有这些倾向,怎么现在突然这样了？"当孩子反复强调其实这样的状态已经持续很久了，家长依然很难相信，产生疑惑，"为什么现在才告诉我？"

家长们需要了解：向别人表达自己的性别认同（"出柜"）是非常重大且艰难的决定，是孩子对家人极其信任，甚至可能是走投无路的表现。当一些重要人生节点的来临，例如升学、毕业等，可能会导致 Ta 们再也不能独自忍耐和承担现状，继而不得不选择向家长告知自己的性别认同。孩子和家长分享着自己最大的困境的同时，是怀揣着对父母亲人不能理解的担忧，以及对自己未来极大的忧虑和恐惧的矛盾心情。

有些孩子尝试旁敲侧击地透露自己的情况，或在生活中偶然释放一些信号，但往往不被家长理解或家长刻意回避而以失败告终。更多的情况是孩子即便把自己的情况告知父母，性别认同过程中带来的焦虑依旧会持续。这种焦虑往往在 Ta 们得到一些明确的身体变化的时候才会缓解。

也有一些孩子会出于对父母健康的考虑，担心他们受刺激过大而选择持续隐藏自己，结果就是 Ta 不得不独自面对，继续经历着一次又一次不为人知的崩溃。

2. 孩子一直没跟我说，但我有些怀疑是跨性别，应该怎么做？

当家长无意中发现自己孩子在生活中透露出一些较为"奇怪"的行为，通常是一些性别表达的不一致时，例如男孩喜欢留长发、喜欢穿女装等，需要警惕孩子是否存在性别不认同的可能。

首先应该花一些时间去跟孩子进行一次深入友好的沟通，了解孩子内心真实想法，确认孩子的这些行为是出于好奇，还是确实对自己的性别身份有点不喜欢。如果是后者的话，可以再深入问一下孩子不喜欢自己哪些特征，为什么会不喜欢，这种不喜欢是否给自己造成了一定困扰，是不是想过做出一些改变等。在这个过程中，父母的心情肯定是复杂而且焦虑的，但如果希望能够跟孩子进行有效的沟通，真正了解孩子内心真实想法，父母还必须先传递出友好和关心的信号，尽量避免对孩子的质疑、不耐烦，甚至讽刺、责备，否则孩子不再愿意透露真实的想法，毕竟本身他们会觉得这些想法很羞于说出口，而且通常会默认这些想法会受到父母的斥责。如果与孩子的沟通不顺利，也可以求助于有经验的跨性别心理咨询服务人员，协助创造更加有效的沟通条件。

3. 我的孩子是不是受"不良环境"影响了？

通常家长会反思造成孩子性别不认同的原因是什么，例如有些家长认为是孩子接触了某些"社会不良人群"，有些则认为是孩子从小受到家庭环境中的一些不良事件影响等。我们不能完全除外后天环境因素对跨性别形成的影响，但正如前文所述，性别认同通常是与生俱来的一种性别心理特征，与后天学习或者影响关系较小。实际上，孩子常常是因为存在对自身性别的疑惑以后，为了寻求答案和理解，才会逐渐接触到这些性别少数的社群，而非颠倒过来。相反，如果是对自己性别高度认同的顺性别者，无论如何接触性少数的社群，通常也不会产生这种纵使经历千辛万苦仍坚持改变自己性别的愿望。

在明知父母不会支持自己的情况下，上网寻求帮助似乎成了孩子的最后一根救命稻草。一方面，不被理解与支持是性少数群体的共性，这使抱团取暖成为必然的存在，网络为 Ta 们提供了可以诉苦和发泄情绪的地方；另一方面，孩子的目的往往只是获得明确的结果以帮助自己缓解焦虑，因为除此以外他们认为找不到自救的方式。

但身处在这样环境下，群体和个体的焦虑会被无限放大，亦可能存在一些缺乏理性的负面效应，孩子可能并不能完全准确地找到自己的需求和满足自身需求的方式，甚至容易被一些行为影响，带来连锁效应。因此，如果家长想要陪伴孩子经历许多人生的重要时刻，而不是把孩子越推越远，或许尊重、学习、理解、倾听孩子的想法，成为一位可被信任、可提供有效支持的家长，才是现实可行的途径。

4. 我的孩子能不能扭转回来？

性别不认同状态能否被扭转？用家长的话说，就是"能不能通过'心理治疗'的方式让 Ta 继续做我的儿子（女儿）？"其实，在历史上有很多的学者做过这方面的尝试，即所谓"**扭转治疗**"（conversion therapy），包括各种精神疗法、药物治疗、催眠、电击、限制人身自由，甚至侮辱、殴打、体罚等，企图改变其性倾向、性别认同或者性别表达。国内常见的扭转治疗方式，还包括将孩子送进类似"戒网瘾学校"等封闭式教育机构，以及"贴符驱鬼、求佛拜神"等方式。

扭转治疗的理论基础，是认为和大多数人不同的性倾向、性别认同或性别表达，是病理性的、不正常的、负面的，需要被矫正的。但正如世界跨性别健康专业协会（WPATH）于2010年发表的声明中呼吁："性别特质的展现，包括认同，并非刻板地与出生时的指定性别相关联，此乃是很常见的，并且是文化多样性的人类现象，不应该被判定为与生俱来的病态或负面影响。"

美国心理学会（APA）发表的文献指出，既往长期的记录证明"扭转治疗"非但无效，还会加重自我厌恶和焦虑情绪，甚至发现该疗法会引起更严重的抑郁、焦虑和自杀风险，同时也导致家长与孩子的关系产生无法修补的裂痕[16]。因此，越来越多的学界和业界都反对"扭转治疗"，世界范围内已有一些国家和地区明确禁止"扭转治疗"的实施。

5. 我怎么接纳这件事情？

要想帮助好孩子，首先帮助好自己！

对于家长来说，初次知道孩子有性别不认同的想法时（孩子对家长"出柜"），接受起来并非易事。首先建议家长了解一下跨性别的相关知识，尝试理解孩子遭受的压力，并且尽量了解能够帮助孩子减轻压力的办法。其次，家长应尝试去接纳一个多元化（并非疾病）的孩子，一个多元化的家庭，而不必主观地把其定性为不光彩的事情。实际上，孩子的性多元化并没有影响其智商、情商以及社会功能等，只要通过恰当的方式帮助他们达到自我接纳，多数孩子都能恢复到正常的人生轨迹，有些还能成为优秀的人才。对于孩子未来的人生可能遇到的困难，也不必过分焦虑，因为孩子可能已经考虑好适合自己的应对方式，家长可以与孩子进行一些友好的沟通，共同探讨，选择适合孩子的路。最后，可能有些家长会面临难于向亲戚朋友启齿的尴尬，消极者可能会通过减少接触、更换新环境等回避；但如果选择坚强面对，也可以选择通过积极的科普宣教，努力打消身边的人群对性少数群体的偏见，主动地改善孩子的周遭环境。

从理解到接纳，可能需要一个过程，家长应尝试给自己一些时间，通过充分学习和友好沟通，努力减轻焦虑给自己和孩子带来的影响。如果焦虑仍难以排解，又无法跟朋友诉说时，家长也可以求助于本领域的心理医生或者跨性别公益社群，社群中往往会有一些面对家长的心理咨询及援助活动。同时，家长也可以通过与其他跨性别者的家长的交流以相互帮助与支持。

6. 我可以怎么帮助孩子？

跨性别的孩子，往往承受着两种压力，一种是对自身性别特征的不接纳，另一种是社会环境对自己的不接纳。因此，家庭作为孩子最先接触和最密切的社会环境，其接纳程度和友好态度会直接影响孩子的心理健康。

父母在孩子成长过程中有着抚养、引导、支持、权威的作用地位，所以父母对跨性别的认知与态度对于孩子重拾光明人生的希望有绝对的权重。如果父母缺乏理解和同情，而一味只是责备和讽刺，甚至采取"扭转治疗"，只会加重孩子心中的痛苦，同时也关闭了与孩子深入沟通的大门。所以，**充分学习跨性别相关知识**，理解孩子的真实感受是帮助孩子的第一步。当孩子鼓起勇气向父母寻求帮助时，应**耐心聆听与陪伴**，表达出感同身受的关怀，并**采取友好的态度去沟通**。沟通时注意将孩子视作一名拥有独立人格的人，尊重并使用孩子所选择的性别身份、名字称谓来称呼孩子，不要强迫孩子扮演自己不认同的性别角色。在实现良好沟通的基础上，父母可以与孩子共同探讨 Ta 目前需要的帮助，以及未来的人生如何规划，给予孩子足够的**希望**。当孩子产生消极情绪时，父母更需要表现出强大的信心和乐观的态度，坚定孩子的信念，避免极端事件的发生。

对于医疗手段的介入，需要根据孩子的实际情况而定。如果孩子性别焦虑比较明显，通过单纯的理解支持、转移注意力，甚至易装化妆等也难以缓解，无法实现自我接纳、恢复正常轨迹，经过探讨后确认需要通过相应的医疗手段来改变目前引起焦虑的身体特征，则需要酌情考虑循序渐进的药物治疗或手术治疗。尽管后者存在一定并发症风险，但长期焦虑与抑郁给孩子带来的伤害，往往远超过药物或者手术的可能并发症。家长应全方位地评估孩子目前的身心状态或陪同孩子到合规的精神心理科进行评估。**如果孩子每天都因为身心不一致而备受煎熬，并且伴有焦虑、抑郁，甚至自杀自伤的情况，一味拖延或者阻止孩子尝试

家庭

改变是危险的，结果可能是家长不可承受的。家长应及时正确引导孩子接受正规的跨性别医疗流程，在规范的引导下进行，能最大程度减少风险，保障安全。

父母在理解、接纳与帮助中遇到困难，亦可适当求助于跨性别医生、心理工作者，以及相关公益社群。

二、跨性别人群如何进行心理调适

跨性别者在不同的阶段都有可能面临不同的心理问题。

青春期阶段，当出现性别不认同加剧或性别焦虑时，如果不能很及时调整由此带来的负面情绪，不但可能带来严重的心理问题，还可能导致学习工作、性格养成、社会交往等各方面难以顺利进行，使其在重要的成长阶段偏离正常人生轨迹。

在接受医疗服务前后，跨性别者会面临一些生理和心理的变化，同时也会面临社会上的一些压力。因此，及时、有效的心理调适，探讨适宜的生活方式，能够帮助跨性别者减轻焦虑、缓解压力，维持健康的心理生理状态，恢复积极的人生态度。

咨询

部分跨性别者可以自行进行心理的调适，但大多数还是需要专业的心理工作者来给予适当的心理支持。心理工作者不仅只是聆听和安慰，还需要与跨性别者共同探讨适宜的压力缓解方案及生活方式。

1. 了解关于性别认同和表达的选项，自我探索性别认同、性别表达、性别角色

在心理工作者的协助下，了解有关性别认同和表达的多样性。对表达性别认同和性别表达等方面存在困惑者，与心理工作者共同探索适合自己的性别认同、性别表达和性别角色。存在性别认同不一致的焦虑者，了解减缓性别焦虑的各种选项及各自的效果及风险（例如易装、进行激素治疗、性别肯定手术等），找寻一个令自己感觉到自在并且能接受其风险的干预方式，并接纳自己以这种状态融入社会。

2. 处理性别焦虑和污名化在心理健康上造成的负面影响

跨性别者可能受困于某种心理健康问题，这些问题可能与性别焦虑或性别少数压力有关，包括焦虑、抑郁、自伤、自杀、被虐待和忽视的经历、强迫症、物质滥用、性问题、人格障碍、饮食障碍、孤独症等。应尽量在第1条的基础上逐渐接纳自己，同时也应理解，社会和周围环境对自己不接纳，是因为性与性别多元化理念的普及仍需要时间，而并非自己的过错。尝试建立强大的内心，努力通过自身的能力与价值，使周遭人群在认可和接纳自己的同时，逐渐增加对跨性别群体的理解和接纳。当难以独立面对时，可以求助于心理工作者，在宣泄的同时也能获取一些有益的帮助。

3. 获取同侪或社群支持

对于某些跨性别者而言，同侪支持和社群的体验，比任何个别的心理治疗更加有帮助。对于探索性别问题的人们，如果可能的话，应该积极参与社群的活动，获取同侪支持的资源和讯息。

4. 青春期跨性别人群的照护

青春期跨性别者，往往处于学业阶段，性别焦虑以及校园环境中的不友好，都有可能影响学习的动力，引起厌学、社交恐惧、孤独自闭等情绪，甚至被迫休学。消极逃避可能会影响学习成绩甚至耽误升学，失去了与朋友、同学交往的机会，也使自己始终难于被他人理解。建议尝试采取积极的方式，例如，有条件者可通过父母或者心理工作者向班级管理员坦诚沟通，主动争取理解，获取一定程度的友善对待，改善同学关系，努力恢复正常学习状态。

青春期跨性别者亦应注意培养良好的兴趣爱好，适当结交好友，这样可以在一定程度上扩大自己的接触面，减轻对性别焦虑的关注。注意培养自立的能力，减少对父母的苛刻要求和依赖，毕竟将来自己的人生愿景需要靠自己的努力去实现。

三、跨性别人群如何确立新的生活方式

跨性别者在接纳自己的过程中，需要同时探讨适合自己的生活方式，结合实际来计划未来的人生步伐。

1. 确立社会性别角色及表达

衡量以什么样的性别身份和表达出现于家庭、校园、职场，以至整个外界环境，是跨性别者融入社会的漫长历程中面临的第一个难题。如果周围环境条件允许，建议逐渐用自己认同的性别身份以及相适表达去融入社会；反之，在条件有限的时候，可在自身接纳和社会接纳中寻求一个最大平衡点，选择最适宜的性别身份和表达。而这种身份和表达，有时也可以根据环境条件的改变而调整。

2. "出柜"指引与家庭沟通

"出柜"，是英文"Coming out of the closet"的直译，这里指的是跨性别者向周围的人表达他们的性别认同状态。如果最终希望选择自己认同的角色与表达来生活，适时、顺利地"出柜"，可以在一定程度上提高跨性别者的自我接纳程度，也为将来可能的性别肯定治疗做心理准备。"出柜"对大多数跨性别者来说并非易事，需要一定的先天条件、友好的环境，同时也需要勇气。其中，对家人的"出柜"尤为重要，父母的理解直接关系到跨性别者的心理健康和后续医疗，应郑重、坦诚、详尽、有准备、有策略、有步骤地与父母深入沟通。然而，毕竟跨性别的概念在社会中并不普及，父母的理解需要过程，不要奢望通过一两次的沟通就能够达到效果，应理解父母的心情，给予父母足够的时间去认识、了解跨性别，体会孩子所经历的焦虑。必要时，可以求助于跨性别医生或心理工作者，给予权威的科普与宣教。

3. 尝试进行真实生活体验（Real-life-test）

真实生活体验是指以与个人性别认同一致的性别角色去体验生活，能够提供跨性别者在进行不可逆的手术之前，有足够的机会去体验和调整 Ta 们想要的性别角色[17]。在社会层面上改变个人的性别角色，往往比生理层面更具有挑战性。改变性别角色也意味着逐渐向自己的亲友和整个社会"出柜"，这会给个人的生活带来巨大的变化，产生巨大的影响。跨性别者可以借此意识到改变性别角色后在家庭、人际关系、教育、职业、经济和法律等方面可能会面临的挑战，为进一步作出决定做准备。为了确保真实生活体验得以调适成功，得到合格的心理工作者与同侪的支持，是非常宝贵的。

4. 树立人生目标理想，努力维持正常轨迹

在充分探索并选择适合自己的角色与表达，并且对将来有所规划时，应树立坚强的信心，尽可能减少因性别焦虑带来对学业、工作、社交、兴趣爱好等的影响。其实，对后者的用心投入，例如掌握一门独到的技能、培养一份有趣的爱好等，亦能在一定程度上分散注意力，减少对性别焦虑的关注。

对于跨性别者，在目前一个无法否认的事实是，在相同的环境下需要付出更多的努力才可能获得与顺性别者一样的机会与成就。但换句话说，如果能在某一个领域中实现自我价值，你也可能会发现，也许身边的人也并不很在意你的性别。

5. 性别肯定相关医疗的选择

当已尝试以上的方式，仍难以缓解性别焦虑时，在符合条件的情况下，可以选择适合自身的性别肯定治疗。在启动治疗前，应在医疗工作者的帮助下，充分了解各种治疗项目的前提条件、治疗效果、注意事项以及可能风险，探讨治疗项目给自己和家庭可能带来的变化以及应对措施，做好生理、心理、社会生活等方面的准备。

跨性别人群的内分泌治疗

根据世界跨性别健康专业协会（WPATH）修订的《跨性别和性别多元化人群的健康照护准则（第八版）》和 2017 年美国临床内分泌医师学会、美国男科学会、欧洲儿童内分泌学会、欧洲内分泌学会的联合指南，对于通过心理支持、改变着装等行为依旧难以实现自我接纳的跨性别者，内分泌治疗可以一定程度上缓解性别焦虑。

对于不同阶段跨性别者，分别采取不同的内分泌治疗方法。

一、跨性别青少年：青春期抑制治疗

长效促性腺激素释放激素类似物（GnRHa）可以抑制身体的性腺发育和分泌性激素的能力，原本应用于儿童性早熟、子宫内膜异位症等的治疗，20 余年前首次在跨性别青少年中使用。它通过阻滞青春期的发育，减少部分的性征表达，为经受性别焦虑的孩子按下青春期的"暂停键"，从而部分地缓解性别焦虑。因其具有一定的可逆性，待孩子年龄阅历增长、具备成熟独立思考能力时，可再次评估其性别认同和之后道路的选择。该治疗给跨性别青少年以体验和自我探索的时间，也给家庭逐渐了解和适应的空间，总体安全性好。

1. 治疗目的

抑制青春期部分生物学性别的性腺发育和第二性征表达，缓解性别焦虑。

2. 治疗的基本条件

- 经过有经验的精神心理科医生评估，诊断易性症或其他等同诊断；
- 不合并严重精神心理疾患或影响认知理解能力的疾患，或原有精神心理疾患得到有效控制、病情稳定且能够规律于精神心理科随诊；
- 其他替代治疗方案不能完全缓解孩子的性别焦虑痛苦，孩子本人具有自发、明确、强烈的治疗诉求；
- 性发育达到 Tanner II 期或以上；
- 法定监护人充分知情并希望、支持接受该治疗；
- 孩子本人和监护人对是否自然生育的话题已作充分的讨论，如有生育意愿酌情先进行生育力保存；
- 能够规律地进行医疗监测和随诊。

3. 治疗可能出现的效果：部分生物学性别的性发育停滞，包括

- 跨性别女性：阴茎、阴囊暂停增大；阴毛、胡须生长暂停；勃起、遗精减少或消失、精子减少；喉结停止增大；变声暂停。
- 跨性别男性：乳房发育暂停；不出现月经初潮，已有月经初潮者出现闭经；卵巢发育或排卵暂停。

4. 可能出现的不良反应和风险

- 过敏、皮疹、头痛、潮红；
- 应用初期出现一过性的性激素分泌增加，可能出现一过性阴道出血；
- 身高生长速度和骨龄进展减慢，骨密度较同龄人偏低；
- 无法完全缓解孩子的性别焦虑，需要精神心理科联合干预。

目前没有证据显示青春期抑制治疗本身会影响性别认同。此外，对于合并其他心理疾患的青少年，该治疗不能替代规范的精神心理治疗。

二、跨性别成人：性别肯定的激素治疗

对于已有精神科医生的推介，且明确希望改变自身性征的跨性别者，性别肯定的激素治疗（以下简称激素治疗）包括：1. 抑制自身原有的性激素的分泌

或作用；2. 替代认同性别的性激素以维持基础的性激素水平。合理的激素治疗可以帮助跨性别者探索和接纳自我，帮助改善心理健康，也是性别肯定手术前的重要准备。需要注意的是，在非二元性别认同的人群中，对激素治疗的效果需求可能存在多样化，应充分了解其对治疗效果中诉求的方面、无诉求甚至不希望出现的方面，探讨相宜的具体方案。对于部分可以通过其他手段而无需激素治疗也可以达到身心自治的跨性别者，激素治疗并非必须。对于部分合并其他心理疾患的跨性别者，激素治疗不能替代规范的精神心理专科治疗。

1. 跨性别女性的激素治疗

1.1 治疗目的

● 帮助减少男性第二性征，促进和维持女性第二性征表达，模拟体验女性的生理状态，帮助自我探索和接纳；

● 如果已经接受睾丸切除手术，维持术后女性的基础性的雌激素水平，减少性激素缺乏相关症状和并发症。

1.2 治疗的基本条件

● 经有经验的精神心理科医生评估，诊断易性症、性别不一致、性别焦虑或其他等同诊断；

● 心理疏导、改变着装、化妆等不能缓解性别焦虑，本人具有自发、明确、强烈的激素治疗诉求；

● 不合并严重精神心理疾患或影响认知理解能力的疾患，或原有精神心理疾患得到有效控制、病情稳定且能够规律于精神心理科随诊；

● 治疗前筛查无激素治疗的禁忌证；

● 年满 18 周岁，或年满 16 周岁且父母双方已书面知情同意；

● 无自然生育的诉求，或已进行生育力保存；

● 能够规律地进行医疗监测和随诊。

1.3 使用的药物

● 雌激素：雌二醇或戊酸雌二醇，可有口服、凝胶或贴片、注射剂型；

● 雄激素拮抗剂：螺内酯，醋酸环丙孕酮或 GnRHa；

以上药物先从启动剂量开始应用，定期复查，评估综合整体效果以及化验检查结果后进行必要的调整。

1.4 用药安全监测

启动治疗前，需要完善血常规、肝肾功能、电解质、凝血功能、性激素、糖脂代谢、骨密度、乳腺超声等全面评估检查。启动激素治疗后的每3个月复查肝肾功能、性激素等，根据个人的实际情况调整复查内容和频率。每年进行上述全面的年度复查。

1.5 治疗效果及生理变化[15]

效果	出现时间	最大作用的预期时间
性欲下降	1~3个月	未知
勃起减少	1~3个月	3~6个月
乳房发育	3~6个月	2~5年
身体脂肪再分布	3~6个月	2~5年
肌肉含量/力量降低	3~6个月	1~2年
皮肤细腻/油脂分泌减少	3~6个月	未知
男性性功能障碍	时间不确定	时间不确定
睾丸体积减小	3~6个月	时间不确定
精子生成减少	未知	2年
面部和躯体毛发减少	6~12个月	>3年

1.6 疗程中注意事项

● 禁止吸烟，减少饮酒；

● 保证饮水，避免高脂饮食；

● 适量运动与晒太阳，骨量减少或维生素D缺乏者在医生指导下应用相关药物；

● 避免长期制动状态，如久坐、长途航班等；

● 如因个人需求改变或用药安全问题需要停止治疗，可以直接停用药物；

- 如需要进行手术，或因其他原因需要卧床者，术前两周需停用激素。

1.7 可能出现的风险与并发症

男→女治疗风险	雌激素	环丙孕酮	螺内酯	GnRHa
血栓性疾病	++			
生育能力下降、性功能障碍	+++	+++	+++	+++
肝功异常	+	++		
泌乳素升高	+	++		
乳腺癌	±			
低血压、高钾血症			++	
脑膜瘤		+		
骨质疏松	单纯抗雄激素治疗、雌激素水平偏低风险增加			
心血管疾病	可能增加体重、糖脂代谢异常等心血管疾病的危险因素			

注：+ 风险可能增加；++ 风险轻度增加；+++ 风险明显增加；± 与顺性别女性相比风险未见增加，与顺性别男性相比风险可能增加。

2. 跨性别男性的激素治疗

2.1 治疗目的

- 帮助减少女性第二性征，促进和维持男性第二性征表达，模拟体验男性的生理状态，帮助自我探索和接纳；
- 如果已经接受卵巢切除手术，维持术后男性的基础性的雄激素水平，减少性激素缺乏相关症状和并发症。

2.2 治疗的基本条件

- 经有经验的精神心理科医生评估，诊断易性症或其他等同诊断；
- 心理疏导、改变着装、束胸等不能缓解性别焦虑，本人具有自发、明确、强烈的激素治疗诉求；
- 不合并严重精神心理疾患或影响认知理解能力的疾患，或原有精神心理疾患得到有效控制、病情稳定且能够规律于精神心理科随诊；
- 治疗前筛查无激素治疗的禁忌证；
- 年满18周岁，或年满16周岁且父母双方已书面知情同意；

- 无自然生育的诉求，或已进行生育力保存；
- 能够规律地进行医疗监测和随诊。

2.3 使用药物

雄激素，可有口服、凝胶、注射等剂型。先从启动剂量开始应用，定期复查，评估综合整体效果以及化验检查结果后进行必要的调整。

2.4 用药安全监测

启动治疗前，需要完善血常规、肝肾功能、电解质、血糖、血脂、凝血功能、性激素、骨密度、乳腺 B 超、妇科 B 超等全面评估检查。启动激素治疗后的每 3 个月复查肝肾功能、性激素等，根据个人的实际情况调整复查内容。每年进行上述全面的年度复查。

2.5 治疗效果及生理变化[15]

效果	出现时间	最大作用的预期时间
皮肤变油、痤疮	1~6个月	1~2年
体毛增多	6~12个月	>5年
雄激素性脱发	6~12个月	>5年
嗓音降低	1~6个月	1~2年
肌肉含量/力量增加	6~12个月	2~5年
身体脂肪再分布	1~6个月	2~5年
月经量减少/停止	1~6个月	1~2年
阴蒂肥大	1~6个月	1~2年
阴道萎缩	1~6个月	1~2年

2.6 疗程中注意事项

- 避免高盐高脂饮食；
- 适量运动与晒太阳，骨量减少或维生素 D 缺乏者在医生指导下应用相关药物；
- 如出现严重痤疮，就诊皮肤科，外用药物控制；
- 如因个人需求改变或用药安全问题需要停止治疗，可以直接停用药物。

2.7 可能出现的风险与并发症

女→男治疗风险	雄激素
红细胞增多	+++
生育能力下降	+++
肝功异常	+
体重增加	++
血压升高	++
痤疮、雄激素性脱发	+++
乳腺癌	个别病例报道
心血管疾病	增加高血压、脂代谢异常等心血管疾病的危险因素
睡眠呼吸暂停	+

注：+风险可能增加；++风险轻度增加；+++风险明显增加。

跨性别人群的性别肯定手术

性别肯定手术（Gender Affirming Surgery），过去也称"性别重置手术"（Sex Reassignment Surgery），之所以从"重置"更改为"肯定"，是为了更准确地表达出手术的目的，即让受术者只需通过改变自身不能接纳的部分以达到"肯定"自己，而并非一定要进行完全的"重置"，该表达亦是建立在非二元性别理念的基础上。对于通过心理支持、改善外部环境、内分泌治疗等干预后，仍不能实现自我接纳的跨性别者，经过充分探讨手术能带来的益处，并且对可能的风险和并发症充分理解的前提下，可以选择适宜的性别肯定手术项目。**须知道，性别肯定手术中的生殖器切除项目，是不可逆的破坏性手术，术后生育能力将永久丧失，并且失去内源性性激素分泌功能，需要终生补充外源性性激素，且一旦施行无法回头。** 在手术前必须做好充分准备，除了满足国家规定的文件材料以外，还必须对认同性别的选择已有足够稳定的信念，对手术可能产生的风险以及社会身份转变后可能面临的挑战有充分的认识和应对策略等，以免因准备不足而出现术后后悔的情绪。

一、男→女的性别肯定手术

1. 治疗目的
- 帮助减少部分男性性征，促进部分女性性征表达，体验所认同的性征状态，帮助自我接纳；

- 实现性别身份的转变。

2. 治疗前提

- 经有经验的精神心理科医生评估，诊断易性症或其他等同诊断；
- 心理支持、化妆易装、激素治疗等不能缓解性别焦虑，本人具有自发、明确、强烈的手术治疗诉求；
- 进行生殖器手术者需要符合国家卫健委制定的《性别重置技术临床应用管理规范（2022 年版）》中所规定的条件，并提供要求的文件材料（详见附录）；
- 如有生育需要，先提前进行精子冻存；
- 治疗前筛查无手术禁忌证；
- 建议在手术前进行一段时间的异性身份生活体验，应用激素治疗 1 年以上，但非强制。

3. 治疗内容

主要项目包括生殖器手术、乳房手术、喉结手术、面部女性化手术、激光脱毛等。实施项目及顺序可根据跨性别者具体需求个性化选择。

3.1 生殖器手术

包括以下项目中的一项或多项，首次手术前需要符合国家卫健委制定的《性别重置技术临床应用管理规范（2022 年版）》中所规定的条件，并提供要求的文件材料（详见附录）。

3.1.1 睾丸切除术

- 适用于不希望长期服用雄激素拮抗剂，但又未计划行完全生殖器切除者。
- 住院 1~2 天。
- 麻醉：局麻。

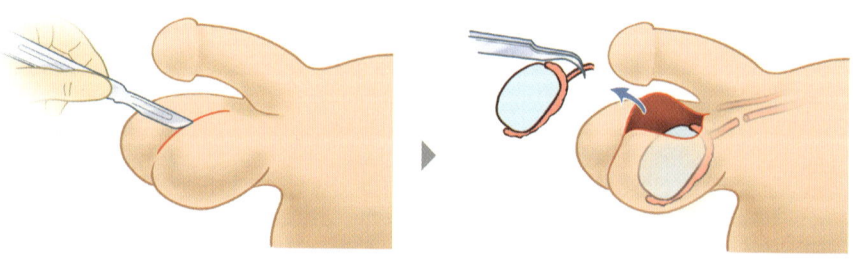

睾丸切除术

- 手术过程：阴囊表面约 2cm 切口，结扎精索，完整切除左右两侧睾丸，分层缝合。
- 术后恢复：7 天拆线，活动正常；术后需服用雌激素维持骨骼健康，如术前应用抗雄激素者术后可停用。

3.1.2 单纯阴茎阴囊切除术

- 适用于不要求阴道成形者。
- 需住院 2~3 周。
- 术前准备：停用雌激素 2 周以上，禁烟，术前 2 天少渣饮食。
- 麻醉：全麻。
- 手术过程：剥离阴茎包皮及阴囊皮肤，切除阴茎海绵体及尿道海绵体，尿道口重置于会阴部耻骨联合深方，初步再造女性外阴形态，术后留置尿管。

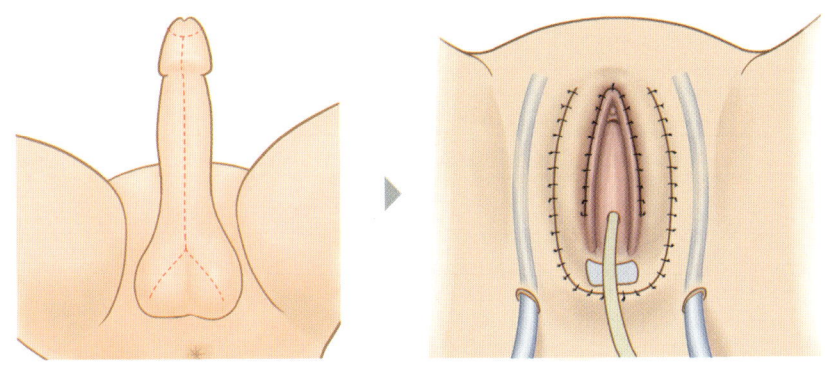

单纯阴茎阴囊切除术

- 术后恢复：7~10 天拆线；尿管留置 4 周；术后需服用雌激素维持骨骼健康，如术前应用抗雄激素者术后可停用。
- 风险与并发症：阴唇淤血与肿胀、形态不佳、尿流方向不理想等。

3.1.3 阴茎阴囊皮瓣倒置阴道成形术

- 优点：切除组织再利用，不增加额外手术项目。

  缺点：再造阴道有毛发，易产生挛缩、狭窄。
- 需住院 2~3 周。
- 术前准备：停用雌激素 2 周以上，禁烟，会阴部脱毛，术前 2 天少渣饮食。
- 麻醉：全麻。

- 手术过程：剥离阴茎包皮及阴囊皮肤，切除阴茎海绵体及尿道海绵体，再造女性尿道口；将阴茎阴囊皮瓣倒置缝合成盲道，置入会阴部腔穴中。
- 术后恢复：术后禁食补液 3 天；7~14 天拆线（根据张力情况而定），阴道内填充敷料 7~14 天去除；尿管留置约 4 周；每日清洗护理阴道内分泌物，2~3 周后开始循序渐进佩戴阴道模具或扩张器，持续 6~12 个月；术后 1 个月内避免剧烈活动，重建阴道完全恢复正常后（约 2~3 个月）可进行性生活。
- 风险与并发症：再造阴道局部愈合不良、肉芽形成，阴道挛缩、阴道口狭窄、深度变短，阴道内毛发生长等。

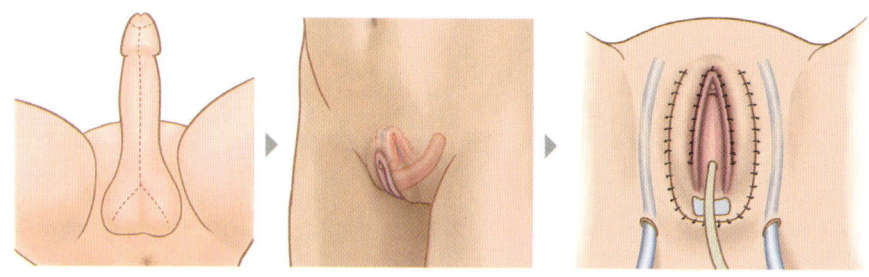

阴茎阴囊皮瓣倒置阴道成形术

3.1.4 带蒂乙状结肠阴道成形术

- 优点：长度、宽度较理想，挛缩、狭窄风险较低，有肠液分泌起润滑作用。

  缺点：承受额外肠道手术，再造阴道因肠液分泌存在异味，需定期清洗。
- 需住院 2~3 周。
- 术前准备：停用雌激素 2 周以上，禁烟，肠道准备。

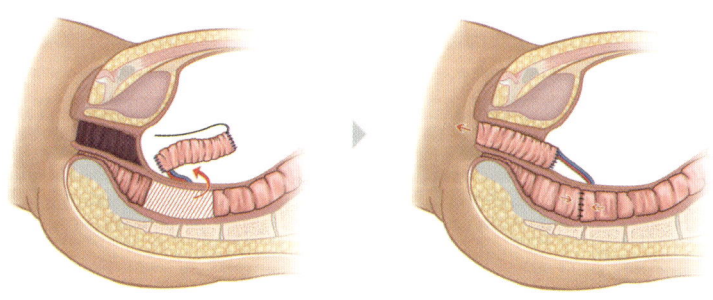

带蒂乙状结肠阴道成形术

- 麻醉：全麻。
- 手术过程：腹腔镜切取带血管蒂的乙状结肠段，缝合成盲道，自腹腔下拉置入会阴部腔穴中。
- 术后恢复：术后禁食补液3天；7~14天拆线（根据张力情况而定），阴道内填充敷料7~14天去除；尿管留置约4周；每日清洗护理阴道内分泌物，2~3周后开始循序渐进佩戴阴道模具或扩张器，持续6~12个月；术后1个月内避免剧烈活动，重建阴道完全恢复正常后（约2~3个月）可进行性生活。
- 风险与并发症：再造阴道局部愈合不良、肉芽形成，阴道挛缩、阴道口狭窄、深度变短，阴道异味等。

3.2 乳房手术

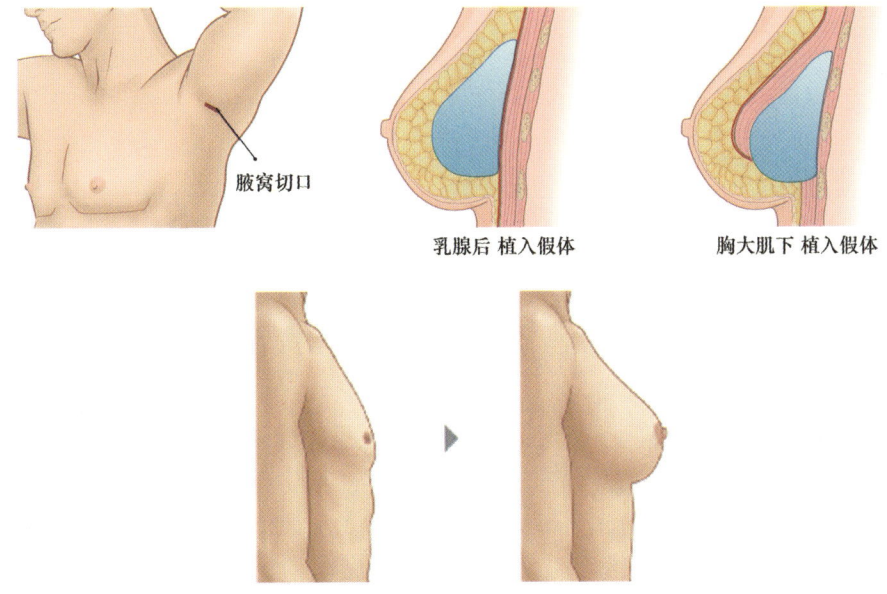

3.2.1 假体隆乳术

- 适合经过激素治疗后具备一定体积乳房者，或者体型较瘦不适合自体脂肪隆乳者。
- 住院3~5天。
- 麻醉：全麻。
- 手术过程：腋窝切口，胸大肌后或乳腺后（具备一定乳腺厚度）置入假体。

- 术后恢复：3~5 天拔除引流管；7~10 天拆线，1 个月内避免上举肩关节；术后 1 周起开始乳房按摩，持续 1 年。
- 风险与并发症：假体移位、包膜挛缩等。

3.2.2 自体脂肪注射隆乳术

- 适合具备一定皮下脂肪储备者。
- 住院 2~3 天。
- 麻醉：全麻。
- 手术过程：大腿或腹部抽取脂肪，填充至胸部。
- 术后恢复：抽取脂肪处包扎 1 周。
- 风险与并发症：脂肪吸收、结节形成等。

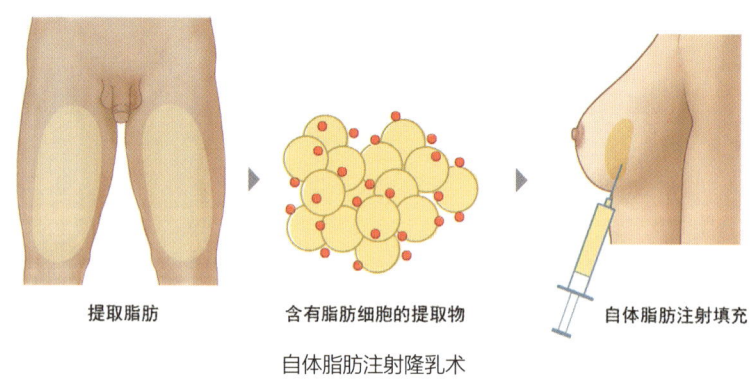

提取脂肪　　含有脂肪细胞的提取物　　自体脂肪注射填充

自体脂肪注射隆乳术

3.2.3 乳头扩大术

- 门诊手术，无须住院。
- 麻醉：局麻。

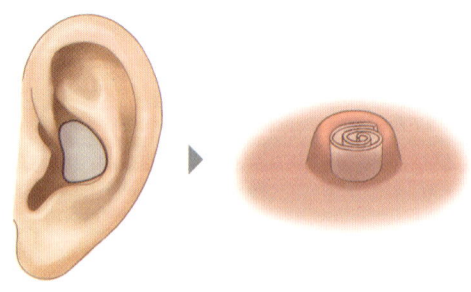

乳头扩大术

- 手术过程：自体耳软骨移植填充。
- 术后恢复：7 天拆线。
- 风险与并发症：外形不满意等。

3.2.4 乳晕扩大术
- 麻醉：表面麻醉。
- 方法：纹绣。

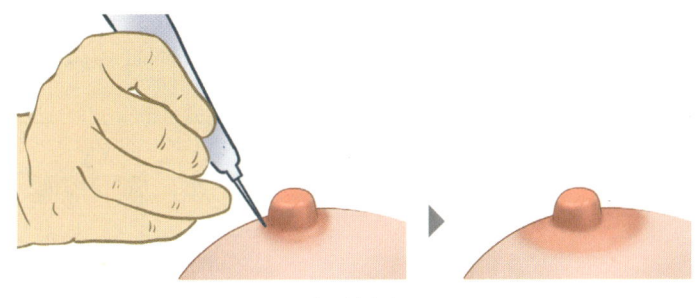

乳晕扩大术

3.3 喉结缩小术
- 住院至少 1 天。
- 麻醉：局麻。
- 手术过程：喉结上约 1cm 横切口，切除突出的甲状软骨前角；因需保护声带，故仅能在有限范围内缩小，有可能做不到颈部喉结突出完全变平。
- 术后恢复：术后 3 天内减少吞咽及说话，5 天拆线。
- 风险与并发症：仍有隆起残留、极个别音质略改变等。

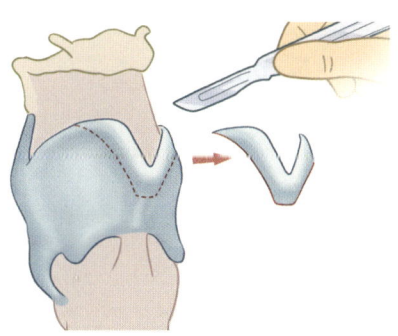

喉结缩小术

3.4 面部女性化
男性化面部特征：额头平坦、眉弓高、单眼皮、驼峰鼻、宽鼻、鼻尖下垂、鼻翼宽、苹果肌塌陷、颧弓宽、下颌角宽、颏部宽、红唇薄、人中长、口角下垂等。

3.4.1 自体脂肪全脸填充术

- 适用于改善额头平坦、眉弓高、苹果肌塌陷、面部骨感者。
- 住院 1~2 天。
- 麻醉：全麻。
- 手术过程：大腿或腹部抽取脂肪，填充至面部。
- 术后恢复：抽取脂肪处压迫 1 周，效果不足者 3 个月后补充注射。
- 风险与并发症：脂肪吸收、结节形成等。

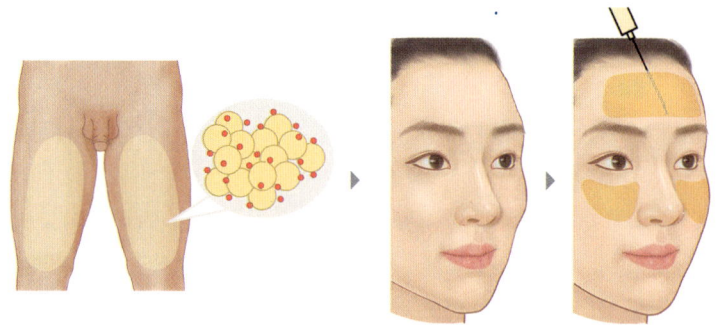

自体脂肪注射面部填充术

3.4.2 眉弓降低术

- 适用于改善额头平坦、眉弓高、额窦突出者。
- 住院 3~4 天。
- 麻醉：全麻。
- 手术过程：额部突出骨板截骨重置。

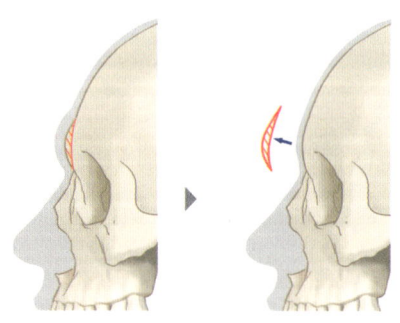

眉弓/额窦降低术

- 术后恢复：7天拆线。
- 风险与并发症：少见局部不平、外形不满意等。

3.4.3 重睑术

- 适用于单睑、上睑松弛（"三角眼"）、上睑肥厚（"泡泡眼"）者。
- 门诊手术，无须住院。
- 麻醉：局麻。
- 手术过程：切除多余皮肤及脂肪，重睑线成形。
- 术后恢复：切开法7天拆线，3~6个月逐渐自然。
- 风险与并发症：两侧不对称等。

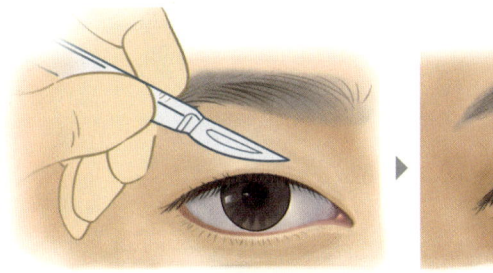

重睑术

3.4.4 鼻综合整形术

- 适用于驼峰鼻、宽鼻、鼻尖下垂、鼻翼宽等。
- 住院2~3天。
- 麻醉：全麻。
- 手术过程：根据鼻部实际情况设计方案。
- 术后恢复：7天拆线，鼻部外固定7~10天拆除。
- 风险与并发症：外观不满意等。

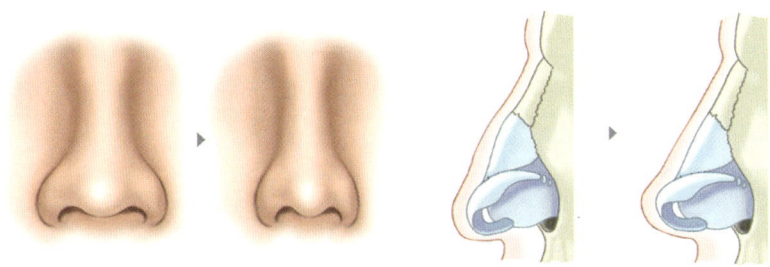

鼻综合整形术

3.4.5 唇部综合整形术

- 适用于红唇过薄、人中过长、口角下垂者。
- 门诊手术,无须住院。
- 麻醉:局麻。
- 手术过程:根据实际需要设计手术方案。
- 风险与并发症:两侧不对称、切口瘢痕等。

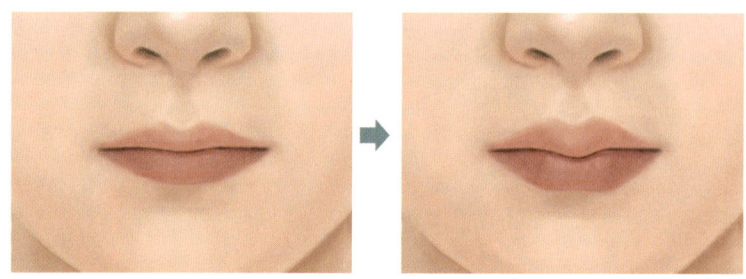

唇部手术

3.4.6 颧弓缩窄术

- 适用于颧弓过宽者。
- 住院 5~7 天。
- 麻醉:全麻。
- 手术过程:口内切口,颧弓磨骨或截骨内推。
- 风险与并发症:围手术期出血、不对称、外观不满意等。

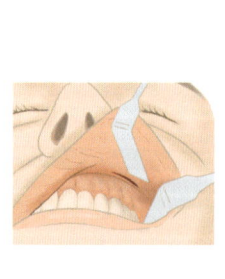 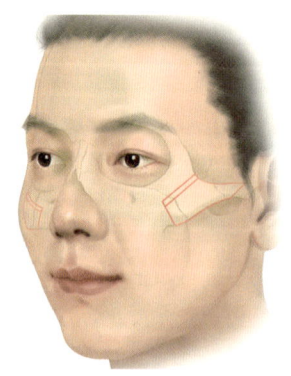 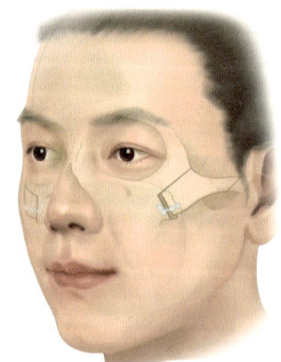

颧弓缩窄术

3.4.7 下颌角截骨术

- 适用于下颌角过宽者。
- 住院 5~7 天。
- 麻醉：全麻。
- 手术过程：口内切口，下颌角磨骨或截骨。
- 风险与并发症：围手术期出血、不对称、外观不满意等。

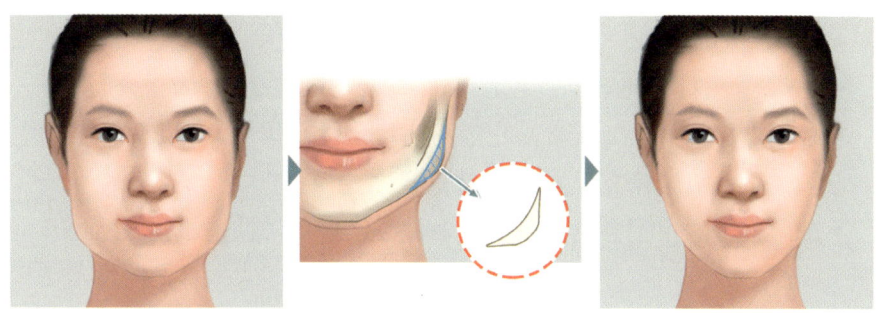

下颌角截骨术

3.4.8 颏部（下巴）缩窄/截短术

- 适用于宽下巴、下巴过翘者。
- 住院 2~3 天。
- 麻醉：全麻。
- 手术过程：口内切口，颏部磨骨或截骨。
- 风险与并发症：不对称、外观不满意等。

颏部缩窄

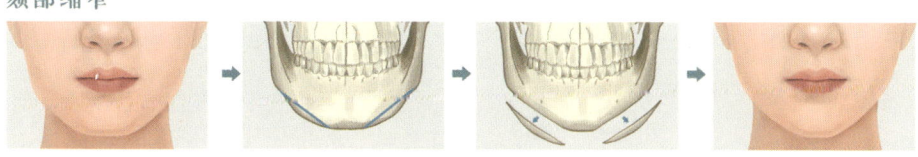

颏部截骨缩窄术

3.5 皮肤与毛发治疗

- 适用于改善肤质、美白，以及胡须、躯干和四肢等部位毛发去除。
- 门诊治疗，无须住院。
- 麻醉：表面麻醉。

二、女→男的性别肯定手术

1. 治疗目的

● 帮助减少部分女性性征,促进部分男性性征表达,体验所认同的性征状态,帮助自我接纳;

● 实现性别身份的转变。

2. 治疗前提

● 经有经验的精神心理科医生评估,诊断易性症或其他等同诊断;

● 心理支持、易装、激素治疗等不能缓解性别焦虑,本人具有自发、明确、强烈的手术治疗诉求;

● 进行生殖器手术需要符合国家卫健委制定的《性别重置技术临床应用管理规范(2022年版)》中所规定的条件,并提供要求的文件材料(详见附录);

● 治疗前筛查无手术禁忌证;

● 建议术前进行一段时间的异性身份生活体验,应用激素治疗1年以上,但非强制。

3. 治疗内容

主要包括生殖器手术、乳房手术、胡须种植术等。实施项目及顺序可根据跨性别者具体需求个性化选择。

3.1 生殖器手术

包括以下项目中的一项或多项,首次手术前需要符合国家卫健委规定的《性别重置技术临床应用管理规范(2022年版)》中所规定的条件,并提供要求的文件材料(详见附录)。

3.1.1 子宫、附件切除术

● 住院2~3天。

● 术前准备:常规全麻术前检查,生殖激素检查,TCT+HPV检查,妇科超声。

● 麻醉:全身麻醉。

● 手术过程:妇产科医师完成,腹腔镜下切除子宫以及双附件。

- 术后恢复：通常术后放置引流，术后 1~2 天可拔除；无须拆线；术后需服用雄激素维持骨骼健康。

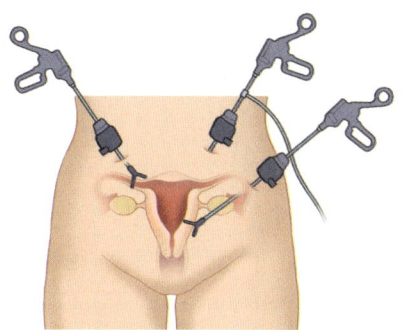

腹腔镜子宫附件切除术

3.1.2 阴道闭锁术

- 需事先或同时进行子宫及双附件切除术。
- 需住院 1~2 周。
- 术前准备：醋酸氯己定阴道冲洗，肠道准备。
- 麻醉：全身麻醉。
- 手术过程：若同时行子宫及附件切除，则可在妇科腹腔镜辅助下，从腹部端和会阴端共同将阴道剥除并且行阴道全长闭合；若单独行阴道闭合术，则是从会阴端将阴道剥除并且行阴道全长闭合。
- 术后恢复：术后少渣流食 3 天，引流管 3~4 天可拔除，尿管 1 周拔除，7~10 天拆线。
- 风险与并发症：膀胱阴道瘘、阴道直肠瘘等。

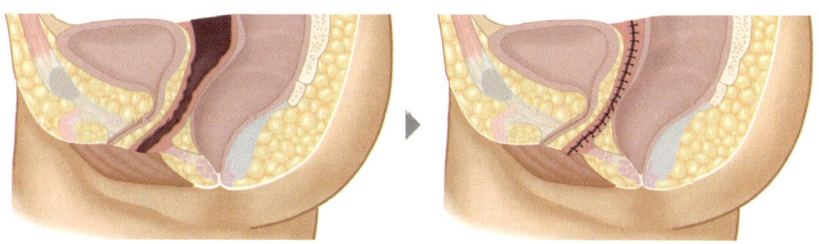

阴道闭锁术

3.1.3 尿道延长提升术

- 适用于需要实现直立排尿者，为尿道成形的准备手术。

- 需住5~7天。
- 术前准备：会阴部脱毛。
- 麻醉：全身麻醉。
- 手术过程：小阴唇黏膜内翻卷管，与原有尿道口吻接。
- 术后恢复：7~10天拆线，尿管留置1~3个月后拔除。
- 风险与并发症：尿瘘、尿道狭窄等。

3.1.4 阴茎成形术

通常有前臂皮瓣游离移植法、双侧阴股沟皮瓣法和髂腹股沟皮瓣法。本手册介绍髂腹股沟扩张皮瓣法。

髂腹股沟扩张皮瓣法阴茎成形术：分2次手术完成，2次手术间隔3个月。

I期：髂腹股沟区扩张器植入

- 需住院1~2周。
- 术前准备：重度肥胖者适当减肥，下腹部有开腹手术瘢痕者需特殊咨询。
- 麻醉：全身麻醉。
- 手术过程：于一侧下腹部皮下放置软组织扩张器，注水小壶可外置。
- 术后恢复：引流管3~4天可拔除，7~10天拆线；术后2~3个月内每3~4天进行扩张器注水，直至髂腹股沟区皮瓣扩张充分，并维持2~4周。
- 风险与并发症：扩张器渗液、感染、外露等。

II期：阴茎成形

- "I期髂腹股沟区扩张器植入"术后3~4个月，扩张器扩张充分并维持一定时间后可进行。
- 需住院2~3周。
- 术前准备：戒烟。
- 麻醉：全身麻醉。
- 手术过程：取出扩张器，髂腹股沟区扩张皮瓣制备成一定长度与粗度的皮管，以旋髂浅血管为蒂，移转至会阴部，阴茎成形。扩张器放置处缝合，在下腹部有斜行伤口。
- 术后恢复：术后约3~4天拔除引流，10~14天拆线；住院观察皮瓣存活情况，如出现局部血运不良需及时处理，经过处理，阴茎远端皮瓣可能部分剪裁。
- 风险与并发症：部分成活不良甚至坏死、下腹部切口瘢痕等。

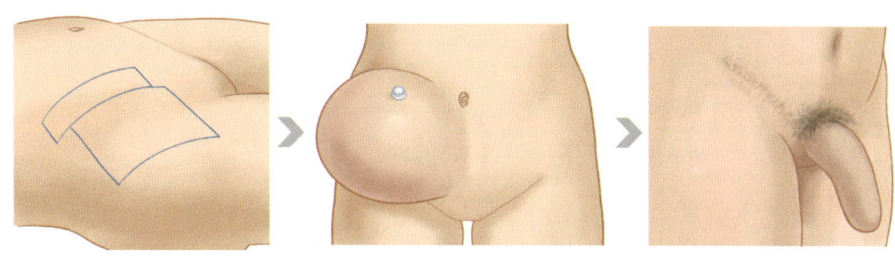

髂腹股沟扩张皮瓣法阴茎成形术

3.1.5 尿道成形术

- 适用于需要实现直立排尿者,分 2~4 次手术完成。
- 根据具体情况,酌情选用髂腹股沟预置皮瓣法、自体上皮组织移植法等。
- 风险与并发症:尿瘘、尿道狭窄、尿路结石等。

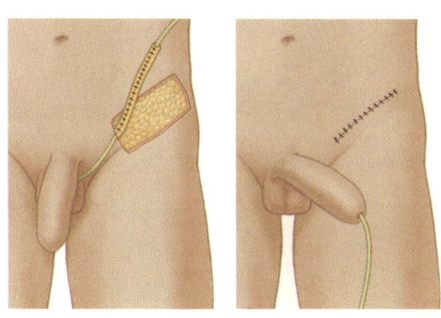

尿道成形术

3.1.6 阴茎内支撑体植入术

- 适用于有勃起功能诉求者。
- "阴茎成形术"术后 3 个月以上进行。
- 住院 2~3 周。
- 材料选择:自体肋软骨或可膨胀式阴茎假体三件套。
- 麻醉:全身麻醉。
- 手术过程:再造阴茎皮管内植入支撑体。
- 术后恢复:7~10 天拆线。
- 风险与并发症:再造阴茎顶端皮肤破溃等。

3.1.7 睾丸假体植入术

- 适用于有睾丸外观需要者,需具备一定再造阴囊组织。

- 住院 1~2 天。
- 材料选择：硅胶假体。
- 麻醉：局部麻醉。
- 手术过程：再造阴囊内植入椭圆形假体。
- 术后恢复：7 天拆线。
- 风险与并发症：移位、感染等。

3.2 乳房手术

3.2.1 微创乳房吸切术

- 适用于 B 杯及以下乳房。
- 住院 1~3 天。
- 麻醉：全身麻醉。
- 手术过程：腋窝处约 3~5cm 或乳晕边缘 U 型切口，吸除脂肪，完整切除乳腺组织，精细缝合。
- 术后恢复：切口引流管 2~3 天拔除，7~10 天拆线，术后佩戴束胸 3 个月。
- 风险与并发症：局部不平、乳头坏死、切口瘢痕等。

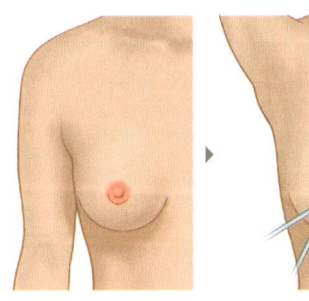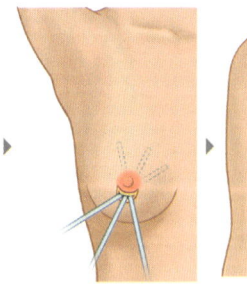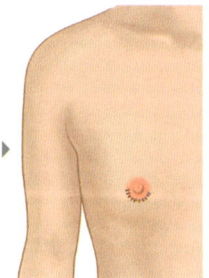

微创乳房吸切术

3.2.2 双环切口乳房切除术

- 适用于 B 或 C 杯、无下垂乳房。
- 住院 3~5 天。
- 麻醉：全身麻醉。
- 手术过程：乳晕周围双层环形切口，切除表皮后剥离皮肤及腺体间组织，去除适量乳腺组织，再重建乳晕。
- 术后恢复：切口引流管 2~3 天拔除，10~14 天拆线，术后佩戴束胸 3 个月。

- 风险与并发症：局部不平、乳头坏死、切口瘢痕等。

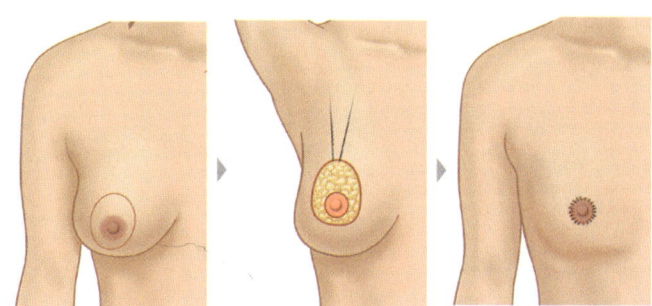

双环切口乳房切除术

3.2.3 乳房切除 + 乳头乳晕回植术

- 适用于重度下垂乳房。
- 住院 3~5 天。
- 麻醉：全身麻醉。
- 手术过程：完整切除乳房组织，反取乳晕乳头再植于目标位置。
- 术后恢复：引流管 2~3 天拔除，切口 10~14 天拆线，术后佩戴束胸 3 个月。
- 风险与并发症：局部不平、乳头坏死、切口瘢痕等。

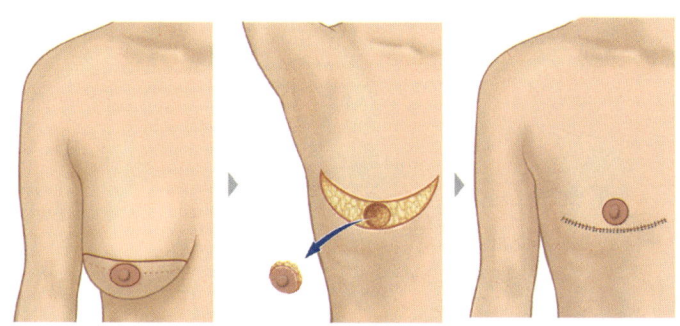

乳房切除+乳头乳晕回植术

3.2.4 乳晕缩小术

- 适用于"乳房切除术"后乳晕仍过大者，术后 3 个月以上进行。
- 门诊手术，无须住院。
- 麻醉：局部麻醉。
- 手术过程：环形切除乳晕皮肤至合适大小。

- 术后恢复：7~10 天拆线。
- 风险与并发症：两侧不对称、切口瘢痕等。

3.2.5 乳头缩小术

- 适用于"乳房切除术"后乳头仍过大者，术后 3 个月以上进行。
- 门诊手术，无须住院。
- 麻醉：局部麻醉。
- 手术过程：局部切除缩小乳头高度或 / 和宽度。
- 术后恢复：7~10 天拆线。
- 风险与并发症：两侧不对称、乳头坏死等。

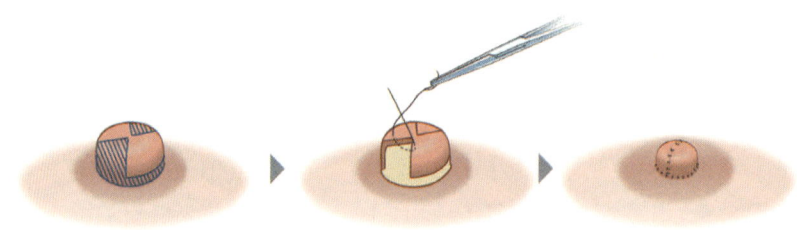

乳头缩小术

3.2.6 乳头重建术

- 适用于"乳房切除＋乳头乳晕回植"后乳头消失者，术后半年以上进行。
- 门诊手术，无须住院。
- 麻醉：局部麻醉。
- 手术过程：局部皮瓣移转乳头成形。
- 术后恢复：7~10 天拆线。
- 风险与并发症：两侧不对称、乳头坏死、切口瘢痕等。

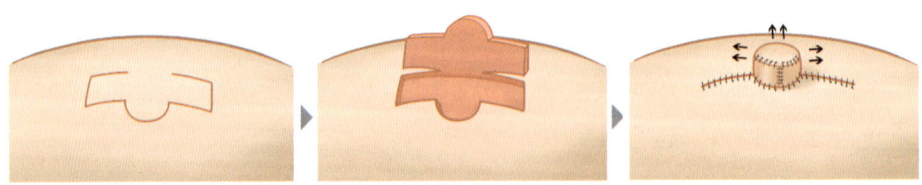

乳头重建术

3.3 胡须种植术

- 适用于希望呈现胡须，但雄激素治疗效果欠佳或不适用激素治疗者。
- 门诊手术，无须住院。
- 麻醉：局部麻醉。
- 手术过程：根据客户要求设计胡须范围，从枕部头皮提取毛囊，逐个单位插种于设计区域。
- 术后恢复：1 周消肿，3 周进入脱落期，术后 4 个月开始再生，10 个月稳定。
- 风险与并发症：少见取发区神经损伤、神经性头痛等。

嗓音训练与生育力保存

在经历心理支持、激素治疗、手术治疗的同时,嗓音的改变以及生育力保存也是部分接受治疗的跨性别者关心的问题。尤其是生育力保存的问题,建议跨性别者在启动内分泌治疗前应进行充分考虑和规划。

一、嗓音训练

嗓音是日常社交中重要的识别性别的因素之一,因此跨性别者通常都会寻求嗓音的改变,以实现符合自身期望的性别认同。

由于喉部拥有丰富的雄性激素受体,在雄性激素的影响下,喉部的结构会受到改变,声带会变厚变长,从而降低声调。因此,对于大部分跨性别男性,在经历一段时间的激素治疗之后,音调可显著降低,通常不需要进行额外的嗓音手术或者嗓音训练的干预[18]。

而对于跨性别女性,由于声带在青春期之前经受了雄性激素的影响,如果未及早应用青春期阻滞剂,在青春期经历了变声期的转变,即使之后通过雌激素与抗雄的结合治疗使内分泌接近顺性别女性的指标,其声调往往不会有明显的改变。因此,为了改善自身的嗓音,部分跨性别女性通常会进一步选择嗓音手术或嗓音训练来提高声调[19]。

而现有的嗓音手术技术都是以改变基频为目标，且手术本身存在一定的风险，效果也存在一定的不确定性，且术后仍需一定的训练干预，因此嗓音训练往往是跨性别者改善声音的首选方案。

嗓音训练也称言语治疗、行为学治疗，作为一种治疗嗓音问题的方案，已经被广泛应用于治疗器质性声带损伤引起的发声障碍，改善不当的用嗓习惯，喉部手术后的嗓音恢复，艺术嗓音的训练以及协助跨性别者改善声音等领域[20]。

跨性别人群在经历性别身份转变的过程中往往会经历一个改变声音的自我探索时期。在这一时期里，他们往往会在互联网上寻找资源自我摸索练习，但缺乏反馈以及专业人士的帮助，盲目的练习可能会增加声带损伤的风险，很大部分的跨性别者在此过程中依然不能学得自我满意的嗓音或者会遇到发声困难的问题。而嗓音训练师与喉科医生可以分别从改变发声方式与声带解剖结构上给予寻求嗓音改变的跨性别群体积极的帮助，跨性别者可以通过改变音调、共鸣、语气及语调等，实现嗓音女性化或男性化的效果。因此在诊疗过程中，建议跨性别者咨询这些专业人士寻求改变嗓音的办法，在降低练声风险的同时使得自己更安全更高效地改变自己的声音。

二、生育力保存

跨性别者在接受性别肯定治疗的过程中，药物或手术可能会对其生育力产生不同程度的影响。通常跨性别者在寻求性别肯定治疗时还较为年轻，未来很可能存在生育意愿，有必要在进行对应的激素或手术治疗前考虑生育力保存。尽管目前有关跨性别者辅助生育的法律与政策尚未完善，但该选项仍是保留生育希望的储备。

1. 跨性别女性的生育力保存

生理男性的生育力保存方式主要包括精子冷冻保存和未成熟睾丸组织冷冻保存。其中，精子冻存技术发展最为成熟，应用最为广泛；睾丸组织冻存技术目前仍是一项实验性技术，其生育力保存的临床价值尚未获得证实[21]。跨性别女性需根据其精液质量及睾丸发育程度，选择适合的生育力保存方式。

精子冻存技术的精子来源包括精液、附睾或睾丸组织。精液精子可采用自慰取精方式获取，自慰取精失败可行阴茎振动刺激或电刺激射精等方式辅助获取。对无法获取精液精子的来访者，可通过外科附睾或睾丸取精术，获得附睾或睾丸组织精子行冷冻保存。

精液冻存前常规进行精液检查，无感染、精子数量及活力达标的精液可进行长期冷冻。

2. 跨性别男性的生育力保存

生理女性的生育力保存方式主要包括胚胎冷冻保存、卵母细胞冷冻保存和卵巢组织冷冻保存。其中，胚胎冻存及卵母细胞冻存技术发展最为成熟，是生育力保存的一线治疗方案。卵母细胞冻存首先需要通过刺激卵巢以获取足量的卵母细胞，这意味着跨性别男性需保持一段时间的女性化激素水平，并保持月经及排卵。获取足量的卵母细胞后，可通过体外人工授精的方式进行胚胎冻存，也可直接进行卵母细胞冻存。卵巢组织冻存技术也已完成实验阶段，成为一种合法有效的生育保存技术。将其与移植技术相配合，可以使来访者在手术后有机会重新恢复生育能力及内分泌功能[22]。

3. 生育力保存的法律问题

尽管生育力保存的诸多技术可相对充分地满足跨性别群体的需求，但法律层面的瓶颈仍导致了实际操作上的困难。2001 年发布的《人类辅助生殖技术管理办法》中规定禁止实施代孕技术，这让几乎所有的跨性别男性以及相当一部分跨性别女性难以在国内实现其生育意愿。而于 2001 年颁布并于 2003 年修订的《人类辅助生殖技术规范》(以下简称《规范》) 中规定："禁止给不符合国家人口和计划生育法规和条例规定的夫妇和单身妇女实施人类辅助生殖技术。"这一规定导致大多数跨性别男性难以获得生育力保存的医疗服务。

2013 年修订的《人类精子库基本标准和技术规范》中的"自精保存者基本条件"并不包括婚姻状态限制，因此跨性别女性可以获得"生殖保险"的生育力保存服务。但《规范》中对人工授精的要求，即"机构必须预先认真查验不育夫妇的身份证、结婚证和符合国家人口和计划生育法规和条例规定的生育证明原件，并保留其复印件备案"，使几乎所有的跨性别者进行生育保存之后都无法通过人工授精实现生育意愿。综上所述，有助于实现跨性别者生育意愿的相关法律亟待进一步完善。

08 跨性别常见伴发健康问题的防治

除了由于性别不安的痛苦与所遭受的歧视和暴力使跨性别人群有着远高于大众的抑郁焦虑等精神疾病发作率以外，一些药物应用、手术以及生活习惯等，亦可能使跨性别人群产生更多的健康问题。医疗支持除了帮助缓解焦虑以外，还需要关注到这些关联健康问题的存在，给予及时的预防和治疗。

一、体形

一些研究表明，跨性别者的饮食失调（暴饮暴食、节食、过度运动、催吐）情况明显严重于顺性别对照。例如，2012年的一项研究显示，在100名平均激素治疗10年，均为性别肯定术后人群的受访者中，有24%的男性化跨儿受访者和22%的女性化跨儿受访者超重，全体受访者的肥胖率为14%[23]。

除了与顺性别相似的进食障碍原因（如更高的精神障碍发病率）以外，跨性别者可能会出现无序的饮食行为，常见的目的是突出与其性别认同一致的特征并抑制其指派性别的第二性征。例如，跨性别青少年可能会进行饮食限制以阻止青春期发育；跨性别男性可能会通过大量进食来增强肌肉，或获得较顺性别女性更健硕的体型，但也可能会进行饮食限制以诱发闭经；而同样地，部分跨性别女性可能会进行饮食限制以更符合社会对女性苗条的要求，但亦有一部分跨性别女性可能会大量进食以换取更女性化的体脂结构。这与跨性别者性别过渡的客观需求有关，也与跨性别者对身体形象的性别表达的理解有关，这些情况需要在医疗过程中有所考虑。另外，相较于顺性别者，更多的创伤与污名经历（包括高骚扰和歧视率），也是跨性别青年饮食失调的重要诱因。

二、自闭

跨性别人士自闭特质（ACS）在统计上明显高于顺性别对照。同时，自闭谱系的患者中性别烦躁的出现率较高（6%~40%）[24]。有假说认为跨性别与自闭谱系在起因上存在潜在的神经发育联系；亦有推测认为跨性别者的身份会降低个体的社会参与，可能导致社会经验的缺乏（例如跨性别群体普遍存在的低自尊高焦虑、性别角色不被允许等因素）。而当前的研究尚不能给出确定性的结论。由于自闭谱系特质导致的社交困难和程式化的认知模式，一些跨性别者往往表现出对性别角色异于常人的思考，从而带来进行性别烦躁诊断的困难，但这并不一定意味着 Ta 们的跨性别身份和性别烦躁的痛苦是不真实的。在医疗过程中，具有此类特质或诊断的跨性别者容易被错误地认为缺乏知情同意的能力，从而被拒绝提供性别肯定医疗服务。所以，无论是家长，还是临床从业者，面对此类跨性别孩子时，需要更加注重友善和肯定。

三、泌尿系统及妇科健康问题

跨性别男性在开始激素替代治疗后，仍然可能面临盆腔疼痛和持续月经的痛苦。除此以外，跨性别男性可能面临萎缩性/感染性阴道炎、宫颈炎、尿路感染、性传播感染、性交痛、持续阴道出血、盆腔肌肉骨骼疾病和神经源性疾病等问题；跨性别女性可能面临睾丸疼痛（如进行生殖器翻折隐藏）、附睾－睾丸炎、前列腺炎或膀胱炎。术后的跨性别者可能罹患尿路感染、毛石症、尿失禁、阴道尿道瘘术后粘连、漏尿等后遗症。

跨性别男性若出现盆腔疼痛时，应到妇科进行盆腔检查，除外常见的妇科问题，对有子宫内膜增生风险者，应考虑激素治疗的同时评估和消除已知的不规则出血原因[25]。对于术后出现症状者，就诊时应充分告知医生性别肯定手术史，尤其对于有尿道改道与阴道盲端情况者，最好携带相关的病历或与其过往施行手术的医院致函联络。尿道延长提升术后如果进行导尿术，可能需要在对其手术史知情或咨询其过往手术医生的前提下，考虑在插入尿管时尽量拉直再造尿道会阴段与原生尿道之间的夹角，或于原尿道口位开小切口插入尿管。否则可能会不慎插入在原生尿道下小的残留或再生的阴道腔，或在会阴部尿道与原生尿道的连接处遇到阻碍、产生创伤。

对术后跨性别女性的一般医疗介入方法与顺性别女性相似。应注意，部分经阴道的超声检查或外科措施对重建阴道来说具有潜在伤害性，可根据具体医疗需求考虑修改为经肛门超声或体外超声。由于术后跨性别女性尿道长度接近顺性别女性，其下尿路感染发生率也应当类似。术后跨性别女性导尿术可按顺性别女性常规进行。对于显著的尿道狭窄，可以完全按照顺性别女性尿道狭窄的治疗方式如尿道扩张探子来干预治疗。

四、心血管疾病

在与激素治疗相关的心血管并发症中，雌激素所增加的凝血和血栓（包括静脉血栓、深静脉血栓和肺栓塞）形成的风险是最高的，并可能在后续引发缺血性脑卒中等疾病，但该数据包含早期对己烯雌酚或对含大量炔雌醇的早期避孕药的研究，可能有所高估。目前的临床指南推荐的药物是使用 17β-雌二醇及其半水合物或酯，这是一种比以往使用的炔雌醇更安全的雌二醇制剂。在心血管安全方面，17β-雌二醇的给药途径之间的差别可能大于激素替代治疗这件事本身[26]。一般来说，经皮和舌下给药是相对口服戊酸雌二醇片剂（产生经胃肠道首过效应）与注射戊酸雌二醇等酯（带来较高的注射峰值与代谢压力）来说更可取的途径。目前缺少相关资料说明激素治疗的跨性别女性实施手术时发生深静脉血栓形成的风险，因此医疗实践中普遍建议在需要卧床的大手术（如性别肯定手术）前 2~4 周暂停应用雌激素，并在血检结果安全或完全恢复活动能力后继续应用雌激素。超过 40 岁、抽烟、久坐、肥胖、卧床、有潜在血栓形成倾向疾病的人，额外使用孕激素（地索高诺酮、孕二烯酮和诺孕酯）或醋酸甲羟孕酮，以及有心血管疾病既往史的用药者，相关风险有所升高，建议选择血栓风险更小的给药途径，并对含 D—二聚体（D-Dimer）在内的凝血因素进行定期随访。

一些研究发现，跨性别激素治疗对于跨性别男性和跨性别女性来说都有可能会升高血清甘油三酯水平[27]，这可能潜在带来重度高甘油三酯血症的风险，进而引起急性胰腺炎。关于跨性别男性与心血管疾病的研究数据相较而言更加稀缺。尽管目前研究发现，跨性别男性激素治疗后甘油三酯和低密度脂蛋白升高、高密度脂蛋白降低、红细胞比容上升、血红蛋白增加，但这些发现的临床意义尚不清楚，大规模调查当中发病率或死亡率似乎并未出现增长，但一部分医疗指南仍然建议在开始激素治疗前测定跨性别男性的空腹血脂水平。

五、骨质疏松

跨性别女性的骨质疏松风险可能在激素应用之前已经出现（因为女性化性别表达者可能更少进行户外运动，或个体有潜在的其他内分泌问题），也可能是部分人在使用雄激素拮抗剂时未补充足够的雌激素所导致的。因此，在跨性别女性的激素替代治疗中应当额外考虑骨丢失的情况。另外，顺性别者的同年龄标准骨量本身就有性别差异性，目前还没有研究确定应该使用指派性别还是认同性别来评估骨质疏松症。

有骨质疏松和骨折风险（如停用雌激素治疗）的跨性别者通常需要测定骨密度。一般来说，推荐的筛查方式为对髋关节和腰椎的双能X射线吸收测定法（DEXA），并最好在报告出具后将测定值同时对照男女性别的标准指标。

目前的研究没有证据表明跨性别男性有统计上显著的骨质疏松风险。

六、内分泌与代谢功能

由于睾酮会刺激骨髓的造血功能，跨性别男性在激素治疗后红细胞比容和血红蛋白可能会增加。若出现远远高出顺性别男性标准或超过50%的红细胞比容值可能需要考虑对睾酮激素的检查与调整。

由于多囊卵巢综合征（Polycystic ovary syndrome，PCOS）的可能表现为睾酮水平的升高，对于跨性别男性激素治疗后多囊卵巢综合征的发病率一直被高度关注。2017年的一项研究将跨性别男性与对照组进行了比较，发现经阴道超声多囊卵巢形态没有增加[28]。考虑到使用睾酮之后机体产生的雄激素水平变化，以及缺乏激素使用前的卵巢组织学数据，对已经服用睾酮的跨性别者进行新的 PCOS 诊断非常困难，因此所有对跨性别男性的 PCOS 患病风险尚未明确，有部分医生可能会以子宫及卵巢切除术作为一种对潜在病变的预防措施。

对跨性别女性内分泌问题的研究主要集中在性别肯定激素治疗和催乳素水平之间的关系。目前的研究仍未确定在性别肯定激素治疗中，引发催乳素水平升高的原因，究竟是雌激素还是常见抗雄药物醋酸环丙孕酮。但无论如何，接受雌激素的跨性别女性应常规检测血清催乳素水平[29]。对于催乳素升高较为严重的跨性别女性来说，可考虑调整用药方案（降低雌激素或醋酸环丙孕酮剂量，或将醋酸环丙孕酮更换为螺内酯/比卡鲁胺），必要时通过影像学手段（垂体 MRI）筛查泌乳素瘤。

七、皮肤健康状况

一些学者认为痤疮是睾酮量太高的标志，故产生痤疮之后应当不增加或减少睾酮剂量；然而另一项调查认为跨性别男性的睾酮水平与痤疮程度之间没有线性关系[30]。皮肤科医生面对患痤疮的跨性别男性时，开具的药物中若有抗雄激素药物（螺内酯和 5-α 还原酶抑制剂等），可能会引起部分跨性别男性拒绝服用，亦可考虑外用过氧苯甲酰凝胶。

在激素治疗后，跨性别女性的雄激素性脱发不会明显改善[31]，只会得到延缓或停止。同时，痤疮与皮肤出油的情况将大大改善，甚至皮肤可能产生干裂等问题，应格外注意面部皮肤问题的迅速变化，调整过去正在使用的皮肤护理措施。

八、性传播疾病

2012 年，约翰霍布金斯大学公共卫生学院的大规模采样指出，部分地区跨性别女性的 HIV 感染率是（19.1±1.6）%[32]，比整体育龄人群的感染风险高 46.3~50 倍。关于跨性别男性和其他性别多元人群的研究数据则相对匮乏。

但由于跨性别男性及其他性别多元人群也有可能发生存在高感染风险的性行为，他们和跨性别女性一样，面临着不容小觑的 HIV 感染风险[33]，HIV 之外的其他性传播疾病的感染率数据更为稀少。

不管是用皮瓣、肠道、皮片还是腹膜重建的阴道，都比原生阴道更容易出血和发炎，所以有更高概率感染性传播疾病。另外，接受睾酮治疗的跨性别男性，在使用睾酮之后阴道会发生酸碱度变化，分泌物减少导致的干涩甚至萎缩，导致更容易出血，这也会提高 HIV 等性传播疾病的感染风险。目前尚无充分的关于重建阴茎的性传播疾病风险数据，但是由于插入性行为中的摩擦、表皮接触等各种因素导致的表皮破损，或与感染部位（比如疱疹或疣）的接触等，跨性别男性仍会有相关感染风险。

跨性别者可能因为跨性别身份而罹受更有风险的性行为，或难以获得应有的性传播疾病安全知识。在性传播疾病的筛查与就诊中，跨性别者亦可能遭受医护人员的误解、歧视与污名化，或遭受到易引发性别焦虑的诊疗手段（如对跨性别男性进行巴氏涂片检查等阴道侵入性的诊疗方案）。因此，跨性别者应当在这些医疗领域得到格外的重视。

九、恶性肿瘤

非异性恋跨性别男性（尤其是与顺性别男性发生经阴道性行为者）的 HPV 感染风险可能更为显著。但研究显示，跨性别男性并不重视进行巴氏涂片等筛查 HPV 的手段[34]。这可能是由于筛查过程对跨性别男性来说是侵入性的，一方面可能引起性别烦躁的痛苦；另一方面，由于激素治疗后阴道萎缩的客观情况，跨性别男性也会遭受更大的生理痛苦。

通过手术创造新阴道的跨性别女性也有感染 HPV 的风险，而后者会增加萎缩或者功能不全及相关癌症的风险。阴茎阴囊皮瓣倒置阴道成形术在跨性别女性中是最常见的阴道成形技术，其使用的皮瓣同所有的角质化皮肤一样，也对 HPV 易感，且同样会受 HPV 影响增加癌症风险[35]。当进行肠道阴道成形术时，重建阴道内表面通常是回/结肠的黏膜组织。在总人群中，与 HPV 相关的阴茎癌发生率低于结直肠癌和肛门癌，因此由阴茎皮肤重建的阴道，其癌变率或许也会低于由肠道组织重建的阴道。这也有可能是因为在顺性别的会阴环境中，阴茎相对来说比肛门和阴道干燥，而 HPV 在湿润环境更容易恶变[32]。然而，关于重建阴道的癌症具体发病率或流行率数据像其他跨性别相关癌症数据一样缺乏。因此，跨性别女性无论使用的是哪一种阴道成形术式，都应接受常规检查，以了解 HPV 等相关疾病的发生情况。

由于乳腺癌是雌激素依赖性疾病，跨性别女性的乳腺癌的发病率可能高于顺性别男性，但流行病学研究暂未明确支持这一猜测。另一个常见的激素依赖性癌症是前列腺癌。前列腺癌的发病概率在跨性别女性中可能下降，但对于年纪较大的跨性别女性，由于其前列腺受到了常年的睾酮影响，仍应进行常规检查。

在接受性别肯定激素治疗的跨性别男性中，仍然会发生睾酮向雌激素的芳香化转化，理论上可能导致子宫内膜癌风险增加，然而，没有人群数据支持这一猜测。在一项对 112 名长期服用睾酮的跨性别男性所进行的研究中，样本人群的子宫组织病理学分析显示：增生内膜发生率 48%，萎缩性子宫内膜发生率 45%，子宫内膜增生症发生率 7%[36]。这可能是因为子宫内膜受低水平雌激素刺激存在潜在的缓慢生长，同时停经又导致子宫内膜没能良好地排出，目前的研究还未能得出确定性的结论。因此，当长期应用睾酮的跨性别男性出现持续或异常阴道出血时，应及时就诊妇科进行子宫内膜取样等的检查，并需充分告知医生激素治疗的规律和时间。

跨性别男性进行乳房切除术时，部分个体可能为了外观考虑要求保留一部分乳腺与脂肪组织，并且此后残留的乳腺与脂肪组织可能遭受到机械刺激，因此已接受乳房切除术的跨性别男性亦需要定期检查乳房来筛查乳腺癌。如果跨性别男性未进行乳房切除术，则应像顺性别女性一样进行定期乳房筛查。

"过关"：融入新生活

完成了性别肯定手术，可以说实现了身体的"转换"，但如果希望最终能"过关"——以新身份为社会所接纳，仍需要完成一系列行政手续，同时也需要继续努力完善自身建设。

一、完成性别肯定手术后性别身份变更相关程序

1. 公民身份证性别信息更改

根据《公安部关于公民实施变性手术后变更户口登记性别项目有关问题的批复》（公治〔2002〕131号及公治〔2008〕478号），完成性别重置手术主体项目后，可以到户口所在地公安部门进行身份证性别信息的更改。

> 实施变性手术的公民申请变更户口登记性别项目时，应当提供国内三级医院出具的性别鉴定证明和公证部门出具的公证书，或司法鉴定部门出具的证明，经地(市)级公安机关主管部门核准后，由公安派出所办理性别变更手续。性别项目变更后，应重新编制公民身份号码。其中已领取居民身份证的，公安机关应当予以缴销，并为其重新办理居民身份证。

建议准备以下材料（仅供参考，以当地公安部门要求为准）：

1. 申请人的书面报告（也有叫"申请表"，必须要有，要咨询当地派出所）；

2. 居民身份证、户口簿（具体看城市要求）；

3. 国内三级医院出具的性别鉴定证明和公证部门出具的公证书或司法鉴定部门出具的证明。

2. 毕业证、学位证件信息更改

目前尚未有明确的相关官方规定与政策，各学校可能有各自不同的处理流程，建议提前积极与校方沟通。通常毕业证及学位证颁发以后修改难度增大，所以如条件允许，建议在各证书印刷制作之前完成身份性别的更改，并尽早向校方提出申请。

二、恰当的性特征表达与良好的气质塑造

跨性别的治疗，手术是一个关键环节，但却不是治疗的终结。虽然多数跨性别者术后精神面貌都能够得到很大程度的改善，并且可以实现社会性别的改变，但要在真实生活中始终维持一个顺性别者的健康心态，坦然融入周围人群和社会，也并非一件容易的事，甚至可能迎来的是另一段新挑战的开始。

如何让身边的人接纳自己、喜欢自己？首先需要努力完善自己的人格魅力，在社交场合中尽量做到不卑不亢、热情大方、真诚善良，工作场合认真敬业、勤奋向上，业余时间多培养良好的兴趣爱好和素质修养，保持心态平和稳定。面对社交中对性别问题的质疑和偏见，宜多进行真诚沟通，避免隐瞒欺骗，内心强大者还可以主动输出正能量的性多元化科普，努力提高周围环境对性少数群体的理解与包容。

其次，要合理塑造适合自己的气质。常见跨性别者对认同性别的性征表达和气质追求存在矫枉过正的习惯，例如跨性别女性会表现出来过分做作的娇嗲和妩媚，而跨性别男性会表现出难以理解的骄躁和冲动，意图通过这些外在的表现来深化自己认同性别的形象。但实际上，过度的表达，往往收不到预期的效果，相反还可能会给周围的人带来不适感。应学习良好优雅的形象，恰到好处地表达自己的性征和气质，多体验生活，用心交朋友，会慢慢摸索出适合自己的形象输出。需要时也可以参加一些气质塑造相关的培训课程。

最后，心理支持仍建议定期进行。即使已经逐渐融入社会，依旧难免会遭遇来自各方面意想不到的冲击，维持心理状态稳定才有助于获得更好的接纳。困惑和低落的时候，多求助于你的心理咨询师、医生团队或者社群。

10 倾听 Ta 的故事

"我们一路奋战，不是为了改变世界，而是不让世界改变我们。"

——电影《熔炉》

每一位跨性别者的人生，都是一部为活出真实的自己而终其一生与生活抗争的辛酸史。

一、张克莎：大陆性别转换第一人

张克莎，原名张克沙。1962年，张克沙出生在一个高干家庭。三岁时，一家人随因病退休的父亲回到老家湖南长沙。作为家里的老么，张克沙上面还有一个姐姐和五个哥哥。可以说，他是集万千宠爱于一身。即便如此，张克沙却并没有养出骄横跋扈的恶习，反而安安静静的，像个小女孩一样乖巧懂事。

虽说生在高干家庭，但在那个物资匮乏的年代，七个孩子的吃穿用度不是小事儿。何况，那时候勤俭节约的观念深入人心，老大的衣服穿了给老二穿，老二穿了传给老三……张克沙作为最小的孩子，哥哥们的衣服都是从大哥传到五哥，到他那里，基本上都不能穿了。唯有姐姐的衣服，哥哥们都没穿过。

大人们刚开始想的是，孩子还小，穿几年姐姐的衣服没事儿。因此，在张克沙还不能表达自己穿衣意愿时,穿姐姐的衣服是家常便饭。因为张克沙长得白净秀气,性格又文静,很多见了他的人都惊叹:"这个女娃长得真漂亮!"刚开始,张克沙的父母,或者带他的保姆还会申辩一二:"我们家张克沙是个男孩子。"时间长了,他们也就不再多说了。不知道从小的这种默认,对于张克沙后来的自我认同,是否有着千丝万缕的影响。

让张克沙记忆深刻的是,有一次保姆还给别人开他的玩笑,说:"大人包饺子他总是偷面玩,被大人发现后就把面藏在了裤子里,结果女孩变成了男孩。"不管是保姆的话,还是周围人的言行举止,无形之中让张克沙觉得,自己就是一个女孩子。

年幼时,张克沙可能并不清楚,男孩子与女孩子到底有什么不同。他只是从内心深处,认定自己是一个女孩子。因此,他平时总是喜欢跟女孩子玩,做女孩子们才喜欢做的事情。比如,跳房子、踢毽子、跳皮筋等。在小学时期还好,孩子们还没有因为性别意识而产生太多的矛盾。到了初中,孩子们进入青春期,性别意识猛增,张克沙的与众不同就成为原罪。男孩子们先后长出了喉结,也渐渐变了声。但是,张克沙却没有。他不同男孩子们一起上厕所,要么等到厕所没人了再进去,要么憋着回家解决。男孩子们看不惯张克沙的"特立独行",开始排挤他,时不时辱骂、殴打他。有一次还将张克沙的额头打破了,伤疤一直遗留。

张克沙(前一)一家人

那个时候的张克沙,肯定没有想到,这样的境遇,将会伴随他的前半生。读高中时,张克沙依旧"我行我素"。他甚至开始留起长发,穿着也逐渐女性化。20世纪70年代,人们对性别认知障碍了解得并不多,张克沙的言行举止在别人眼里就是"变态"。高二时,有一个老师当众问张克沙："你是不是有什么病？到医院里去检查一下吧。"一直以来，张克沙总能感受到周围异样的眼光。"自己并没有妨碍别人，也没做错什么，走自己的路，让别人去说吧"，他常常用这句话来给自己打气。可老师的一句话将他佯装的坚强，击了个粉碎，也让他的自尊心受到了巨大的打击。张克沙选择了辍学。幸好，家人们非常包容他。虽然也曾苦口婆心地劝他，希望他能"正常"一点，可真当他在外面受到了歧视，家人们都支持他的决定。但是，待在家里的张克沙却陷入了迷茫，他不知道自己的将来该何去何从。幸好不久之后，一个人的出现，如同一道光一样，照亮了他前面的路。

有段时间，张克沙的父亲生病了，需要在疗养院养病，张克沙陪伴在父亲左右。在疗养院里，张克沙认识了同在陪伴家人的萧强。两个人通过多次交谈，有了惺惺相惜之情。张克沙觉得萧强是一个可靠的朋友，便将自己的苦恼向他倾诉。萧强却说："国外已经出现了变性人，你这种情况可以做手术。等着我，将来我学医，学成归来，就给你做手术，然后再娶你。"

萧强的话，无异于给张克沙打开了一扇新世界的大门，也为他注入了一针强心剂。以往，所有的人都希望他变回去，只有萧强，不仅认可他内心的选择，甚至还愿意从医学角度上，帮他完成这个仪式。情窦初开的他，也期待着那一天的到来。可惜，不久之后，萧强却在家人的安排下参军去了。临行前，萧强送给张克沙一支口红，叮嘱他，参军了也可以当军医，等着自己回来。可惜，天不遂人愿。张克沙最后等来的却是萧强战死沙场的噩耗。照进世界的光，突然就熄灭了。伤心欲绝的张克沙也选择了参军，他要为萧强报仇。虽然新兵训练很辛苦，但真正让张克沙觉得不适应的，是和一群男兵生活在一起。想着自己来的目的，张克沙只能忍耐着，上厕所、洗澡都避开大家。不管外界发生了什么，张克沙始终放不下变成一个真正女孩子的愿望。为此，他开始注射雌性激素，促使身体发育出女性特征。一位上司找到他,说可以为他提供更好的药。张克沙深信不疑。谁知,注射几次上司提供的药之后,张克沙反而长出胡须和更多的汗毛。经过询问,上司告诉他,这是上级和他父母商量后的决定。张克沙一怒之下,退伍了。

父母亲没想到,当初执意参军的他会为了这件事情而退伍,觉察出了事态的严重性。他们将张克沙带去看心理医生,医生说:"如果你们执意要一个儿子,那么,最后得到的要么是个疯子,要么是个死人。"父母亲一直抱有一个希望,那就是张克沙会慢慢变"正常"的。可医生的话,让这个希望彻底破灭了。父母从此不在这方面干涉他的决定。解放了的张克沙开始大胆地穿起女装,烫起了头发。然而,新的问题,却接踵而来。

办理退伍转业手续时,因为去的时候是男兵,回来的却是个女青年,户口都上不了,也就得不到转业待遇。1982年,作为改革开放前沿的沿海城市,各行各业的发展如火如荼。成为"黑户"的张克沙不得已从长沙南下,远赴广东打工。在这里,他彻底以女性的身份生活着。虽然和其他女工同吃同睡,却没有一个人发现他的秘密。反而,因为他身材高挑、面容姣好、打扮时尚,很多男青年对他大献殷勤,想追他当女朋友。甚至,工厂的香港老板、丧偶多年的肖先生也在其中。张克沙一边拒绝着所有人的追求,一边又忐忑不安。他不敢想象,自己的真实身份暴露之后,会迎来怎样的后果。正在此时,一则论文吸引了他的目光。

1982年冬天,张克沙在一份杂志上看到一篇论文,这是北京医学院医史研究室的阮芳赋先生的文章。张克沙通过这篇文章了解到,自己所患的是"性身份识别障碍",由于幼年的生活环境和一些遭遇,造成对已有性别的排斥,有强烈的改变性别的愿望。但是,在当时的中国还没有变性手术的先例,要开这个先例,恐怕需要政府有关部门的批准。

在北京亲友的帮助下,在北京医学院第三附属医院成形科的王大玫教授的积极工作下,1983年1月10日,张克沙不顾家人的反对,毅然走进了手术室。中国的第一个变性人诞生了。由于是绝对保密的手术,这一例非常成功的变性手术只作为内部的医学研究课题,被记录在科研的资料中。新闻界对此改写中国性别历史的新闻毫无所知。半个月后,张克沙走出医院时已经是个女儿身了,他就这样变成了真正的她,成了一个美丽的女孩子,一家人都为她留下了高兴的眼泪。

多年凤愿终于成真,张克沙觉得,美好的生活已经在向自己招手了。张克沙将名字改成了张克莎,如愿上了户口,获得一份在商场站柜台的工作。她变性成功的消息,一传十、十传百,几乎传遍了整个长沙。每天都有大量怀着猎奇心理的人,前来商场看她。张克莎感觉自己就像珍稀动物一样,被人围观着、点评着。此外,如同儿时一样,因为她的与众不同,女同事开始排斥起她来。幸亏一位名叫陈平的男青年,不顾流言蜚语,不理世俗偏见,热烈追求张克莎。他每天定时接送她上下班,为她阻拦了不少外界的风言风语。此时,作为女儿身的张克莎,在与陈平的相处当中,对他产生了感情。两人相知相恋后,很快就到了谈婚论嫁的时候。但当陈平的母亲听说了张克莎的事情后,找到她的单位,求她离开陈平。毕竟,陈平是他们家唯一的儿子,陈家还等着他传宗接代。一边是陈平一如既往地对她好,一边是陈平母亲苦苦的哀求,张克莎陷入了两难的境地。可想到以后的生活,陈平肯定会像自己一样,左右为难。最终,张克莎选择悄悄地离开了长沙。

带着情伤的张克莎,独自旅行了一段时间。走过"天苍苍,野茫茫,风吹草低见牛羊"的草原,踏入"大漠孤烟直,长河落日圆"的沙漠。景色越美,她的心,却越孤寂。她觉得自己是如此的渺小,更悲哀的是,天大地大,竟没有她的容身之处。她该何去何从?

不知为何,她突然想起在广东打工时,那个追求过她的肖老板。既然注定得不到爱情,那么,找一个爱自己,又不要求自己生孩子的人结婚,应该是一个正确的选择吧。她再次踏上南下的路,找到了肖先生。

因为当时的环境,也因为肖先生比张克莎大了30多岁,家人都反对她的这个选择。从小就见识过她的固执的父母,最后还是妥协了。他们唯一的要求,就是要她将自己的真实身份告知对方。可是,张克莎却没有勇气这么做。

她迫切期望自己能够彻底地从过往的阴影当中走出来，便隐瞒了自己是变性人的事情。

然而，她的这个决定，却为多年后埋下了隐患。

1984年，张克莎随肖先生去了香港。在人潮涌动的陌生城市，张克莎时常会恍惚，我是谁，我在哪里？可也有那么一瞬间，她觉得自己重生了。拒绝了肖先生让她当金丝雀的提议，她积极外出打工。做了一段时间的模特之后，她找了一份保险公司的工作。因为工作出色，她多次升职，收入也水涨船高。然而，工作上的成就，无法弥补感情上的空白。当初为了逃离，才选择了肖先生。虽然结婚多年，肖先生一直疼她、爱她，尊重她的一切决定，她也敬重肖先生，但绝对谈不上爱。久经生意场的肖先生，又如何不明白这个道理？因此，结婚9年之后，当张克莎与阿山一见钟情，相处短短2个月就搬出去与对方同居时，肖先生选择了默认。

张克莎与肖先生

也许，爱情就是这么没有道理。真心为她付出的人，她没有放在心上，却心心念念地总想跟自己爱的人在一起。可是，命运总是跟她作对。正当张克莎再次享受着爱情的甜蜜时，一场劫数正在前方等着她。

1994年，一次偶然的机会，张克莎遇到了一位老乡。张克莎还在感叹"他乡遇故知"时，对方却开始频频向她借钱，而且从来不还。张克莎意识到问题之后，拒绝了对方的再次借钱。哪知，对方却说："我知道你公司在哪儿，也知道你家住哪儿。如果不想自己是变性人的事情闹得人尽皆知，那就乖乖地把钱借给我。"一时间，当年在长沙被"展览"，被迫与陈平分手的画面，像放电影一样在张克莎的脑海中一幕幕地闪过。

她乖乖地将钱打给了对方。

回到出租屋，再次看见阿山，张克莎的心里，却再也高兴不起来。她甚至能够想象，阿山得知真相之后，会多么伤心、失望。原来，幸福就像手中沙，手握得越紧，它就流失得越快。张克莎开始患得患失，不时地与阿山闹脾气。分分合合多次，两人都已经疲惫不堪。觉得日子再不能这样过下去的张克莎，策划了一场分手旅行——游万里长城。阿山被万里长城的雄伟气魄所震撼，落下激动的泪水；而张克莎却因为不久而来的分别，落下伤心的泪水。回到香港后，张克莎向阿山提出分手，并且搬离了出租屋。

这次情殇让张克莎元气大伤，致使她生病住院了。可在住院期间，老乡的敲诈如影随形。躺在病床上的张克莎，将所有存款和值钱的首饰都给了对方，才将对方打发走。正所谓，福不双至、祸不单行，屋漏偏逢连夜雨。出院不久的张克莎听说，肖先生的生意受了重创，不仅破产了，人也病倒了。虽然肖先生提出了离婚，但是张克莎却没有答应。自己在最困难的时候，是肖先生收留了她。如今，肖先生有难，自己怎能置之不理呢？

为了赚钱帮肖先生治病，也为了逃避老乡的敲诈。1995年5月，安顿好肖先生的张克莎只身去了台湾。刚开始，工作不好找，她做过舞女，后来还参加了选美大赛。虽然没有进入决赛，但凭着不俗的外貌，她拥有了一批不算影迷的影迷。其中，有一个还是黑社会老大。张克莎趁热打铁，开了一家餐馆。凭借她的名气和聪明的头脑，没用多长时间，餐馆的生意就走上了正轨。赚了钱后，她每个月都给肖先生足够的钱，让他放心治病。

整整七年，都是如此。

与黑社会老大的相处过程中，张克莎了解到对方小时候的悲惨遭遇，不禁想起了自己小时候受到的委屈。"同是天涯沦落人"的感觉，将彼此之间的关系拉近了一步。可惜，好景不长，对方触犯了法律。在张克莎的规劝之下，对方放弃了亡命天涯的日子，选择了自首。面对这样的结果，张克莎说："或许，像我这样的人，不应该有爱情，能够好好活着就已经很好了。"

2002年，七十多岁的肖先生病逝了。张克莎变卖了台湾的产业，回香港办理肖先生的后事。在肖先生的遗物里，张克莎看见一份报纸和一份杂志，那上面有关于她是变性人的报道。回想往昔，张克莎才知道肖先生对自己的好。他明明什么都知道，可他却从没有问过她一句，就怕她难堪。那一刻，张克莎不由得哭泣起来。

生活好像不想给她喘息的机会。2002年9月，张克莎的母亲病重，她回长沙不久，母亲也病逝了。一年之内失去两个亲人，40岁的张克莎，精神大

走出性别困境——"跨性别"与"性别焦虑"的医疗援助

受打击。她也不停地问自己：为什么？为什么她总是在失去？回想自己的前半生，除了最初勇敢地迈出了第一步，往后每一次遇到事情，她基本上都在逃避。小时候，她想当女孩，所以一直回避自己男孩的身份，以女孩子的精神面貌来应对这个世界。读书时，被同学欺凌，被老师认为有病。她以辍学的方式，回避这个世界对她的伤害。参军时，上司将她打的雌性激素，换成了雄性激素。她直接退伍，回避了大家的"好意"。等到做完了变性手术，她以为美好的生活触手可及。可是，男朋友的母亲以死相逼。她跑到香港，以闪婚来回避这段情殇。再次遇到真爱时，因为不敢袒露自己的经历，只能以吵架、发脾气来回避对方的感情，最终又错失良缘。被老乡敲诈勒索时，还是因为她没有选择正面面对，导致努力赚的钱财都进入了别人的腰包。多年积蓄被掏空的她，又逃到台湾，独自疗伤。如果，如果有那么一刻，自己能够勇敢面对一些事情，结果是不是会好一些？

张克莎没法回答自己，也没有人能够回答她。回看这一路，她很感谢自己遇到的5个至情至性的好男人。没有他们，自己也没这么大的勇气独自面对这上下颠簸的命运。终于，正视自己内心的张克莎，不再回避。她正式公布自己的变性人身份，并于2003年出版了自传《女人梦》，她想直面社会，让大家了解一个变性人生活的辛酸，以赢得社会的理解和关怀。直到这时，她的变性人身份才为公众所熟知。变性近20年，张克莎第一次以变性人的身份在公众场合露面，还是在售书现场。自传书发行后，她收到过2000多封来信，其中大部分都是患有性别焦虑的人，来寻求帮助。

刘慈欣曾说过，"给岁月以文明，而不是给文明以岁月。"

张克莎与《女人梦》作者邓映如

而人类文明发展史，也是勇者的血泪史。作为中国首例变性人，张克莎无疑是勇敢的。可当时社会的局限性，也注定了她的命运多舛。如今，已经成为女性39年的张克莎很久没有消息了。但是，没有消息，就是好消息。我们相信，她一定像正常人一样，过着岁月静好的生活。【37】

二、小丽（化名）：扭曲的青春

小丽出生在农村，家庭条件普通。

小丽4岁的时候，父亲和母亲离婚，小丽判给了母亲。有一天晚上，母亲跟小丽说："儿子啊，你爸爸不是好东西，将来要不然你跟我姓吧，名字也重新改一个。"小丽说："我也不知道怎么改好？而且，如果以后我不做男孩子呢？"母亲回答道："你永远是妈妈的好孩子，如果你是男孩，妈妈就给你取名为WB，如果你是女孩，妈妈就给你取名为WY，妈妈的文采不好，以后如果你不喜欢了也可以再改。"小丽答应了母亲，虽然后面这些永远都没有实现。

小学时小丽的成绩一直不错，后来考上了重点初中。到了初中，小丽的成绩也一直名列前茅，最高的时候甚至可以考到年级前40。因为成绩比较好，所以在学校会被老师和同学夸奖，这本该是一件令人高兴的事情，但是小丽却越来越不开心，因为小丽有一个天大的秘密不能和任何人说——她逐渐发现自己非常讨厌自己的男性生殖器官，感觉自己应该是一名女孩子。

初二时，母亲不幸因车祸去世，小丽又回到父亲身边，跟奶奶一起住。奶奶家里条件还不错，小丽有了自己的房间，每天晚上奶奶睡着后她就自由了，这时她就会试穿衣架上姐姐和小姑的衣服，然后幻想自己是一个女孩子。但是生殖器的存在太令人焦虑了，很想去除它，但是又没有办法，只能想方法用厚内裤和胶带等东西"控制"住它，以防发生生理反应。

初三的某天，小丽借用同学的手机上网，想借此在网络上查询一下自己心中的性别困惑。当她在搜索栏里打出"我是个男孩子，但是我感觉自己应该是个女孩子"时，搜索结果指向了一个百度贴吧——"男身女心"吧。小丽在其中发现了许多的"同类"，她们说这种情况不是病，如果只是喜欢穿女性的衣服，叫"cd"（"易装者"），如果希望自己也变成女人，就叫"ts"（"变性者"），小丽立刻认定了自己是"ts"。之后小丽动了一点小心思，因为自己天生长相比较中性化，就在剪发的时候故意不让理发师把后面的头发剪了，再稍微留长一点点，就有点初中女生短发的感觉。果不其然，之后在食堂排队买饭她就会被不认识的同学和食堂工作人员当成女孩子，小丽对此感到非常开心。

因为初中时成绩还不错，小丽被保送到了同校的高中部，一开始还被选入了学校的机器人竞赛小组。家里在这时也买了电脑，虽然电脑配置不行，但是可以借助互联网随便查询资料了，这对于小丽来说是天大的好消息。通过互联网，小丽对自己的性别焦虑有了进一步的了解，并且知道了用激素药可以抑制这些烦人的反应。但是，一方面小丽并没有太多的零花钱，另一方面网络上关于激素治疗的说法五花八门，没有医生指导，全靠同类前辈们亲身测试自己总结的经验，小丽想了想，还是不敢迈出这一步。

然而，小丽的性别焦虑越来越严重，一个人待着的时候经常会胡思乱想，并且在学校时日子也不好过。可能是因为天生长相或者气质给人感觉比较软弱，也从不参加班级男生的体育运动，班级的男生开始频繁拿小丽开玩笑，而且越来越过分，诸如每天被放自行车气，午饭被挤一管芥末，上课被人不断用乒乓球砸，被人用工字钉扎腿，手机被注册各种垃圾网站然后被各种短信骚扰等各种"玩笑"数不胜数，几乎每天小丽都会遭到各种骚扰，而其他同学就像看笑话一样，也没有任何人安慰她。小丽不明白为什么自己明明什么都没做，但大家都要这么对自己。

雪上加霜的是，小丽在校园里唯一比较高兴的事——机器人小组活动，在一个寒假后再也没有通知她，等到开学找到负责活动的两个老师时，他们都开始刻意回避话题，直到最后也没有给小丽一个答案。校园里的遭遇小丽也没有办法跟家里说，因为父亲常不在家，继母对自己也是爱答不理。每天小丽回到自己屋子都会忍不住地趴在被窝里大哭，一直哭到凌晨3点都睡不着觉，而早上6点就要起床上学……第二天到学校又不知道要被开什么过分的玩笑。每天就这么循环着，小丽想着必须得做点什么。于是，小丽开始尝试努力地装顺直男，每天吃多于自己胃口几倍的饭菜，让自己变得身体更强壮以免被欺负……校园霸凌好像是因此少了一些，但是第二性征带来的横向的发育让小丽更加绝望，自己仅剩的一点身体天赋也渐渐没有了。在这种环境下小丽根本无心学习，从高二开始就没有听过任何一节课，成绩大幅下降，回家后遭受家人的批评，但是小丽又不能告诉他们原因。高二时，小丽不但为此长期失眠，精神状况也逐渐出现了问题，自己在屋里不但会哭，还会开始用刀划伤自己，后来演化成开始有自杀的想法，甚至是尝试。一天晚自习前，小丽偷偷登上学校没上锁的 11 层办公楼，在窗户边开始犹豫是否要跳下去，但是自己太懦弱了，因为恐高导致的腿软竟然不能往前一步……停留一会后小丽慢慢挪动回去。当天晚上回屋，小丽回想之前的情况，感觉再这么生活下去肯定不行，自己一定要想个方法不让自己再这么难受。

　　但小丽又能怎么办呢？无论是学校和家里的事情她都无法更改，当然也包括非常恶心的身体发育，如果不去自杀，那能改变的就只有自己的精神。小丽开始想象自己是一个机器人，不去注意自己的性别，没有任何感情和欲望。每天就这样给自己催眠，时间长了，不知道是麻木了还是咒语真的生效了，慢慢地小丽确实开始感受不到任何感情了，也不对生活有任何的期待，任由别人折磨自己，居然似乎没那么痛苦了，后来甚至可以以第三人称审视自己，小丽觉得至少这样就不会自杀了吧。

　　度过了难熬的高中，因为学习成绩下降，最后小丽考到了一所普通的二本大学，也开始在学校住宿，脱离了家庭。大学的舍友们性格都比较正常，也没有校园欺凌，小丽感觉舒适多了，在这种情况下还可以依靠游戏消磨时间。但是毕竟是在男生宿舍，男生的生活逐渐让小丽的性别焦虑又严重起来，她开始继续查询资料。这时的贴吧和知乎上开始有人翻译国外的资料，激素和手术的相关知识也变得更丰富更科学起来，过去的 ts 称呼也慢慢变成了"药娘""木桶饭"或者"跨性别"，知乎上甚至还有了一批批的跨性别圈子。有了这些信息，小丽对"变回女孩子"这件事又燃起了希望，毕竟虽然一直尝试把自己想象成一个机器人，但是生殖器和男性的外观也无时无刻不让小丽感觉焦虑。小丽想，应该为自己的未来做一个慎重的决定了。

　　但当小丽准备鼓起勇气向家人坦白自己的苦恼时，家里却出现了一些情况。父亲和继母的关系恶化，吵架越来越频繁，随后父亲又得了重病，继母开始对家里动了坏心思，而奶奶目睹这些事情又无能为力，经常着急伤心。奶奶从小把小丽带大，是她最亲的家人，小丽不忍心看着奶奶为家里的事茶饭不思，就经常陪着奶奶散散心，安慰奶奶。至于改变性别的事，小丽犹豫了一下，还是不想再刺激奶奶，就又咽进肚子里。再加上家里的钱一直是继母把守，继母对自己都很吝啬，更不可能愿意提供资金给她圆梦。于是，斗争之下，小丽做出了一个长久的决定：以后以顺直男身份生活，在赡养完奶奶后找个地方自我"了结"。

小丽大学毕业后开始工作，第一年还算顺风顺水，当某天偶尔在网上看到有公立医院成立跨性别门诊的消息，又看到圈子里的人都开始"刷证"走向正规医疗的时候，小丽还是有点动心的。但是因为之前已经做出了决定，她下决心一定要完成。父亲后来因癌症去世，奶奶因为父亲的离世和家里的纠纷，身体状况比过去差了很多，小丽更加坚定了决心，忍住所有事情先照顾好奶奶。然而，自己的情绪有时候也很难控制。为了缓解性别焦虑，小丽开始去医院开一点药物拯救一下自己的头发，也开始运动减肥解决由暴食习惯带来的体重超标问题。生活算是达到了一个新的勉强的平衡。

后来新冠肺炎疫情暴发了，小丽辞去了工作，借此在家里好好休息一下。她又了解到之前看到的那家跨性别门诊给越来越多的"同类"提供了一些医疗帮助，让他们一定程度上接纳自己的身体。疫情形势好转后，小丽开始积极地寻求医疗帮助，想要先缓解一下严重的焦虑情绪。就诊后，医生发现小丽存在抑郁状态、焦虑状态伴惊恐发作、人格解体、失眠症，给小丽开了一些改善症状的药物，同时也从专业角度上给小丽解释了跨性别的现象、如何通过医学帮助缓解焦虑，以及将来人生如何规划等。小丽感觉十多年来积攒下来的各种问题自此终于有希望解决了，甚至感到人生走向有了转机，会变成什么样小丽不知道，但总归是在往好的方向发展，虽然可能很慢。

小丽在医生的指导下规律服药并进行激素治疗，为未来的性别重置手术做准备，尽管目前还不敢告诉奶奶，但小丽总在憧憬奶奶接纳她的那一天。后来，小丽也第一次收获了自己的爱情，对方和自己一样也是一名跨性别女性，所以交流起来就可以减少很多隔阂。爱情带来的新的责任就像是在小丽空白的人生任务表上添加了新的主线任务，为了未来的生活小丽也要不断努力。过去的伤口虽然很多很痛，但是以后肯定会慢慢愈合。失去的东西虽然永远都无法找回，但人还在，一切就都还在，一切都有着希望。

三、Joey（化名）："我以后肯定会变成一个男孩"

每天下课的时候，Joey 都是第一个冲出课室，急急忙忙地走回家。一路上，他走得很快，20 分钟便准时到家。然后，他掏出钥匙，麻利地开完门，便直接走向厕所。

从上小学开始，Joey 就不习惯在学校上厕所，因为 Joey 不知道自己应该上哪边的厕所。按照生理性别，Joey 应该去女厕所，但在他意识中，只有男厕所才是自己应该去的地方——"我觉得我就是一个男孩，去女厕所就像耍流氓"。

这种自我认同是男孩的意识，从 Joey 上幼儿园的时候就开始了。他喜欢和男生在一起玩耍，也会对班里的一些漂亮女孩产生微妙的好感。甚至，与长发飘飘的同龄女孩相比，Joey 更喜欢帅气的男士寸头，所以每次妈妈或亲戚问他为什么不留长发却要剪短发的时候，Joey 都会应付地说以后再留，但还是一如既往地等头发稍长就马上去剪掉了。

与此同时，他对父母给自己购买的东西，也提出了一些要求，比如不喜欢裙子等女性化的衣物。有一次，妈妈给他买了一双非常女性化的粉色公主鞋。Joey 当时就生气地打电话给妈妈，让她马上换掉。为此，妈妈只好以卖鞋的地方没有男款运动凉鞋给换为由，从而给他换了一双粉红色运动凉鞋。

渐渐地，家人也开始把 Joey 当成假小子来对待。妈妈还告诉 Joey，以前怀孕的时候，自己总是被 Joey 用力踢，所以她以为之后会生出一个男孩。这个说法在姥姥的口中则变得更迷信一些：妈妈在怀孕的过程中发生了一些不可告人的意外，所以 Joey 才变成了女孩。但当 Joey 追问意外是什么时，姥姥却给出了与神鬼相关的原因，让 Joey 哭笑不得。

随着年龄的增长，Joey

也对自己的性别认同愈发肯定。除了不跟大家一起上厕所，避免被同学拆穿外，他外表看上去就是一个普普通通的小男孩。对此，Joey 一直觉得自己"掩饰"得很自然，也很开心，庆幸自己可以过着平淡的日子。

直到在三年级第一次思想品德课上，老师提出想认识一下班里的同学，便先让男生站起来，之后再让女生站起来。这个提议，对 Joey 而言却是一个困难的选择。在他心里，他一直认为自己是个男孩，但此时却无法否认生理性别为女的情况。于是，他选择先和男生一起站起来，但没有站直，再维持着这样的姿态等女生站起来。看到 Joey 扭扭捏捏的样子，老师便问 Joey 是男孩还是女孩。但 Joey 假装没听清，没有出声，老师只好无奈地让他坐下。

人生第一次，因为逃避老师的问题，Joey 有点不安。对其他同学而言，性别只是简单的"男孩"或"女孩"，他们可以轻轻松松地回应老师，但 Joey 不能。他有点害怕大家知道自己生理性别是女孩，然后随之变化的是同学对他的态度，一切就好像亚马孙河流域热带雨林中的蝴蝶，偶尔扇动几下翅膀，就会发生连锁反应。他没有准备好。

很快，没有准备好的身体也要发育了。乳房慢慢地从平坦开始凸出了一点点，老师也在课堂上给大家讲关于生理卫生的知识。Joey 的情绪，由之变得大起大落。他对这具女性化的躯体产生了极大的不满，无法再光明正大地讲出"我是男孩"这件事了。

到了初中，Joey 看着身边的哥们，每个都长高变壮。他从对自己身体的不满意，变为对好友的羡慕。于是，Joey 开始上网搜索与性别相关的信息，希望知道女孩如何变成男孩。令人惊喜的是，他在社交平台上看到了性别重置手术的介绍。看完之后，Joey 忍不住感慨，原来世界上有跟自己相似经历的人，而且可以通过性别重置手术解决身体的困扰。浏览结束的一瞬间，Joey 只觉豁然开朗，人生有了另外一种未知的可能性了。

Joey 原本觉得自己可以忍受，最起码忍到大学，再向父母坦白。毕竟从父母的角度来看，他永远都是小孩，可能只是开玩笑。但忍到高一，身体与性别的错位，让他真的受不了了。一方面，Joey 长期都在寻找缓解身体焦虑的办法，比如用胶带缠起来束胸。每个月来了月经，他就自我安抚是肠子流血，周而复始。另一方面，Joey 与其他女孩住同一个学生宿舍，每天穿得整整齐齐，偶尔还要配合舍友回应一些话题，令他觉得更加疲惫。

Joey 很纠结。毕竟父母年龄大了，他害怕自己的坦白会刺激到他们，万一吓出病就难以处理了。但是如果早点讲，也许随着时间的变化，父母可以慢慢接受，自己也无须等到青春逝去时再做性别重置手术。可还没等 Joey 准备好，妈妈此时却发现他用塑料胶带缠胸这件事。一切都瞒不下去了，唯有"出柜"了。

与同龄人的父母相比，在 Joey 心中，他的 70 后的父母一直都比较开放，且从小到大都没有刻意培养他做女孩。Joey 还是有一些信心能让父母理解自己。那晚，父亲刚好不在家，母亲又相对而言更善解人意，Joey 就开始滔滔不绝地讲起多年扮演女生的生活。外表看到的假象，与实际的他并不符合，他想做一个男生，而且希望大学后就准备手术。听完之后，妈妈并没有很激动，表示自己也觉得 Joey 不像女生，即使他留长发。虽然她不太理解跨性别是什么，但也能理解 Joey 因身体焦虑引起的痛苦。但谈到最后的手术问题，妈妈却只是淡定地告诉 Joey 等到大学再说，语气听起来仍有点不可

新年期间Joey父亲发的朋友圈

置信。在母亲之后，Joey 便继续跟父亲"出柜"。他用了委婉的表达方式告诉父亲，身体与手术都是自己的事情，所以之后也会自己花钱做手术，无须他们担心。作为儿子，Joey 还是希望父母能够接受这个决定。但父亲的反应与母亲如出一辙，并没有太多的回应。

从那之后，Joey 每过一段时间，就会跟父母提起这件事情。但一提，父母就很生气；尤其是父亲，听完之后总会与 Joey 激烈地争吵。但 Joey 一直都在努力地解释，从理智到激动，只希望父母可以理解自己的痛苦。吵了一段时间后，父母终于松口，表示只要 Joey 上了大学，就随便他做什么。

至此，Joey 也同意了，并开始努力地学习。那段时间，他就好像被逼到了绝境，身体的焦虑因父母软化的态度而减缓，但随之而来的是学习的巨大压力。他很害怕，没有一个好的未来，父母会阻碍他的选择。

他需要快点走向自由，从这副女性躯体中解脱出来。他需要离开家乡这个保守的地方，考到大的城市，接触到更多的信息。而且，Joey 觉得等以后年龄再大一些，科学技术可能也会相对而言有所提高，到时候自己再做手术，可能会更安全方便。他想通这些事情后，那些负面的情绪也逐渐消解了很多进而转变成他努力学习的动力。

庆幸的是，在长期的压抑状态下，Joey 一直没有放弃，最后考上了一所理想的大学。他很兴奋，觉得所有事情都有了解决方案，并开始通过社交平台，查询各种与手术相关的信息。也是在大学这个开放的环境，Joey 终于更加明确自己的真实情况。

当时，Joey 认识了学校的一个师姐，因为师姐看上去也是酷酷的男性化外表，Joey 还以为她跟自己是同一种情况。但师姐告诉 Joey，她是拉拉，跟 Joey 的"男性认同"并不一致。后来，师姐去参加一个性少数群体的活动，问 Joey 要不要去，如果去就邀请一些跨性别朋友与他交流。但 Joey 很犹豫，互联网能查到关于"跨性别"的信息并不多，这个词还是师姐告诉他的，如果去了，Joey 就要跟一些陌生人"出柜"，他还没有做好准备。可师姐的态度很强硬，一定要 Joey 参加，所以他最后还是去了。庆幸的是，这场活动并没有给 Joey 带来任何不适，而是给他出乎意料的安全感。在活动结束之后，Joey 还与新认识的跨性别朋友一起出去散步。一路上，他们讲起从小到大的身体焦虑，谈了伴侣之后的别扭，无法与身边人分享的担忧。那些在大多数人眼里格格不入的个体们，在这个小小的时间与空间里，彼此倾诉与疗愈。

时至今日，Joey 仍然很感谢师姐当时的邀请。如果自己没有参加这场活动，他不可能深入社群的内部，无法认识那么多朋友，也不会了解这么多医疗信息，得不到足够的支持与力量——"我不是孤岛，还有很多同伴与我走在跨越性别的路上，互相打气与陪伴。"

在了解了一些讯息后，Joey 开始注射激素，希望可以按时推进自己的跨性别计划。但一旦开始注射，身体就会发生一系列的变化。他对此很期待，但不知道舍友会不会接受。之前参加完活动后，他主动向其余三位女室友"出柜",她们都表示理解,大家在此之后的关系仍然很好。不过,那时的 Joey 并未提到对激素与手术的具体准备,只是说了这样的展望。他有点担心,舍友对自己的生理转变会有抗拒。

为此,Joey 做出了一些行动。他先告诉了舍友中一个比较有共情能力的女孩,那个女孩表示没问题,只是希望 Joey 注意健康,不要滥用药物。得到其中一个舍友的理解,Joey 的压力小了一些。

但他没有完全松懈下来,毕竟声音已经有了较明显的变化。Joey 在考虑要不要把自己目前的情况告诉辅导员,这样即使另外的两个女孩不答应,他也可以再向辅导员申请一个独立的宿舍。但是他不知道作为顺性别男性的辅导员,会不会理解自己身为跨性别的窘况;而且万一辅导员与自己的家长联系,那么家长就会知道自己注射激素的事情,而他们肯定会禁止他的行为。

有趣的是,有一天辅导员主动联系了 Joey。那天,Joey 很隐晦地在社交平台上发了一条关于和父母"出柜"的感慨,辅导员注意到后便在微信上询问他目前的情况和心理状态。这一问,Joey 便把自己的情况向导员说了,也向导员讲了自己最近的困扰。听完后,辅导员对 Joey 的性别认同还是有疑惑,但也表示理解,并告诉他"没什么不可以的"。

辅导员没有排斥与反对的态度,给 Joey 向其他室友坦白这件事增加了一点信心。随后的一天晚上,Joey 告诉了另外两位室友,关于自己变声的原因。讲毕,一个室友没有说话,继续在做自己的事情;另一个室友则提出了异议,她可以接受 Joey 的心理认同,但不能接纳他的生理转变,因为这样她自己会不舒服不适应。看着两个室友的反应,Joey 有点慌张。毕竟提出异议的那个室友,对他而言是非常重要的朋友。大家面面相觑,安静了几分钟后,之前那位共情能力强的女孩,就开始打圆场说 Joey 现在没有做完整的手术,而且也没有改身份证,所以她觉得应该让 Joey 继续住。

一个同意、一个抗拒、一个不表态,三个人不同的观点,让 Joey 既紧张又害怕,他张张嘴,想表达一些什么,却又不敢。但这件事的讨论也到此结束了,大家又开始各做各的事,Joey 也继续留在宿舍,彼此的关系也没有发生任何变化。之前反对的女孩,事后也没有再说什么,对他的态度依然很友好。

经过这件事之后,Joey 也会转发一些与性别相关的信息到自己的社交平台。他觉得,外界的否定,是源于对跨性别社群的不了解,所以才会出现负面的猜测和想法。Joey 希望，也许他们可以通过阅读这些信息，慢慢消除一些偏见。毕竟，接受新的事物是一个循序渐进的过程，需要足够的时间与精力。

令 Joey 无奈的是，上大学后，父母从不主动与他谈手术的事。因此，他只好将搜集的信息，持续地发给父母，让他们对跨性别社群及性别重置手术有大致的了解。直到大二的上学期，父母又开始在聊天中说服 Joey 做女生，Joey 才意识到，原来父母之前的提议只是为了敷衍，借此希望他上了大学后改变想法。

再次不被认可之后，Joey 的脾气变得越来越暴躁，做事经常没有力气，总是觉得身体有强烈的疲惫感。每晚洗澡的时候，都是他最煎熬的阶段。自己明明不想洗，但又必须洗，洗的时候一看到身体，又觉得自己太女性化了，更加难受。于是 Joey 又开始了与父母频繁的对话。父母觉得，做手术有风险，可能对身体造成不好的影响。但对 Joey 而言，不做手术，自己活不下去的可能性更大。

几个月后，父母终于对跨性别社群有了一些认知，也了解到这并非是病，只是因身心不统一形成的窘况；即使做手术，也需要去专业的医院，有专业的医生做相关的鉴定，在一定程度上是有安全保障的。最后，父母终于同意 Joey 做手术这件事，因为作为父母，他们不忍心再看到孩子一直处于崩溃的状态。

后来，Joey 在一些跨性别聊天群里，了解到一些跨性别伙伴向原生家庭"出柜"的故事：有些父母不理解，认为小孩中邪了；更严重的，甚至赶出家门，断绝他们的生活费。上述种种，Joey 都能理解，毕竟说服的过程真是太疲惫和痛苦了。

不过，经历了这一切之后，Joey 与父母的感情则变得越来越好了。有困难的时候，父母会带给他力量与支持，而且还会调整教育方式，因此让 Joey 接收到更多正面影响。

现在的 Joey，仍然在探索与了解跨性别的路上，并且计划着大学毕业前尽快做完手术，在一个轻松的状态下自由生长。如果可以，他希望时间可以倒流，重新再活一次，忘掉青春期发育的焦虑感，留下来美好的回忆。

> "我希望可以忘记我之前是女生，也忘记跨性别的过程。因为那些记忆太痛苦了，脑子也因此变得迟钝，差点把我毁了……如果我可以不为性别而焦虑，我可以重新培养一些兴趣，多看些书，多锻炼身体，做一个内心平静的人。"

附录一：

性别重置技术临床应用管理规范
（2022 年版）

为规范性别重置技术临床应用，保证医疗质量和医疗安全，制定本规范。本规范是医疗机构及其医务人员开展性别重置技术的最低要求。

本规范所称性别重置技术，是指通过外科手段（组织移植和器官再造）使手术对象的生理性别与其心理性别相符，即切除原有的性器官并重建新性别的体表性器官和与之相匹配的第二性征的医疗技术。

一、医疗机构基本要求

（一）医疗机构开展性别重置技术应当与其功能、任务和技术能力相适应。

（二）有卫生健康行政部门核准登记的整形外科、泌尿外科和妇产科诊疗科目。有独立建制的麻醉科、重症医学科和输血科等辅助科室。

（三）设有管理规范的由医学、法学、伦理学等领域专家组成的伦理委员会。

（四）具备整形外科执业范围，并满足下列条件。

1. 开展整形外科临床诊疗工作 10 年以上，床位不少于 20 张，能够独立完成整形外科各类手术（包括器官再造和组织移植手术）。

2. 病房设施便于保护性别重置手术对象隐私和进行心理治疗等。

（五）有至少 2 名具备性别重置技术临床应用能力的本医疗机构注册医师，有经过性别重置技术相关知识和技能培训并考核合格的其他专业技术人员。

（六）具备手术显微镜等开展显微外科手术的相应设备。

二、人员基本要求

（一）开展性别重置技术的医师。

1. 取得《医师执业证书》，执业范围为外科或妇产科专业的本医疗机构注册医师。

2. 有 10 年以上整形外科专业领域临床诊疗工作经验，取得副主任医师以上专业技术职务任职资格 5 年以上。

3. 独立完成生殖器再造术不少于 10 例（开展女变男性别重置技术的需独立完成阴茎再造术不少于 5 例）。

（二）其他相关卫生专业技术人员。

经过性别重置技术相关专业系统培训，满足开展性别重置技术临床应用所需的相关条件。

三、技术管理基本要求

（一）严格遵守性别重置技术操作规范和诊疗指南，严格掌握性别重置技术的适应证和禁忌证。

（二）生殖器的切除、成形是性别重置技术的主体手术。

（三）实施主体手术前，手术对象应当提供如下材料并纳入病历：

1. 当地公安部门出具的手术对象无在案犯罪记录证明。

2. 有三级医院精神科或心理科医师开具的易性症（性别焦虑，或性别不一致）诊断证明。

3. 手术对象本人要求手术并经本人签字的书面报告。

4. 手术对象提供已告知直系亲属拟行性别重置手术的相关证明。

（四）手术前手术对象应当满足以下条件：

1. 对性别重置的要求至少持续 5 年以上，且无反复过程。

2. 未在婚姻状态。

3. 年龄满 18 岁，具备完全民事行为能力，有能力完成性别重置序列治疗。

4. 无手术禁忌证。向手术对象充分告知手术目的、手术风险、手术后的后续治疗、注意事项、可能发生的并发症及预防措施、性别重置手术的后果，并签署知情同意书。

（五）医院管理。

1. 每例性别重置手术实施前，须经医院论证和伦理审查，并经医务管理部门组织多学科讨论后方可开展。

2. 建立病例信息数据库，完成每例次性别重置手术的一期手术后，应当按要求保留相关病例数据信息，并按规定及时向所在地省级医疗技术临床应用信息化管理平台上报。

3. 切除组织送病理检查。

4. 完成符合转换性别后的生殖器及性腺（睾丸、卵巢）切除手术后，医院为手术对象出具有关诊疗证明，以便手术对象办理相关法律手续。

5. 医疗机构及其医务人员应当尊重手术对象隐私权。

（六）开展性别重置技术的医疗机构应当建立健全性别重置手术后随访制度，按规定进行随访、记录。

（七）医疗机构和医师按照规定定期接受性别重置技术临床应用能力评估，包括病例选择、手术成功率、严重并发症、死亡病例、医疗事故发生情况、术后患者管理、患者生存质量、随访情况和病历质量等。

（八）其他管理要求。

1. 使用经国家药品监督管理局批准的性别重置技术相关器材，不得重复使用与性别重置技术相关的一次性医用器材。

2. 建立性别重置技术相关器材登记制度，保证器材来源可追溯。在手术对象住院病历的手术记录部分留存相关器材条形码或者其他合格证明文件。

四、培训管理要求

（一）拟开展性别重置技术的医师培训要求。

1. 具备医师资格证书及外科或妇产科中级以上职称。

2. 应当接受至少 6 个月的系统培训。在指导医师指导下，参与 2 例以上性别重置手术，参与 10 例以上性别重置手术对象的全过程管理，包括术前诊断、外生殖器重建技术、围术期管理和随访等，并考核合格。

3. 在境外（国家专业学会认可或推荐的医疗机构）接受性别重置技术培训 6 个月以上，有境外培训机构的培训证明，并经省级卫生健康行政部门备案的培训基地考核合格后，可视为达到规定的培训要求。

4. 从事临床工作满 15 年，具有主任医师专业技术职务任职资格，近 5 年独立开展性别重置相关手术不少于 5 例，未发生严重不良事件的，可免于培训。

（二）培训基地要求。

1. 培训基地条件。

性别重置技术培训基地须经省级卫生健康行政部门备案。培训基地应当具备以下条件：

（1）三级甲等医院，具备卫生健康行政部门核准登记的整形外科诊疗科目，符合性别重置技术管理规范要求。

（2）整形外科床位 30 张以上，具有整形外科专业副主任医师及以上专业技术职务任职资格医师 5 人以上，完成性别重置序列手术不少于 50 例。

（3）具有专职行会阴整形的团队。

2. 培训工作基本要求。

（1）培训教材和培训大纲满足培训要求，课程设置包括理论学习和临床实践。

（2）保证接受培训的医师在规定时间内完成培训。

（3）培训结束后，对接受培训的医师进行考试、考核，并出具是否合格的结论。

（4）为每位接受培训的医师建立培训及考试、考核档案。

附录二：

整理您的医疗档案

首次诊断：_____年_____月

激素治疗：
首次应用：_____年_____月 药品与剂量：_____；
调整1：_____年_____月 药品与剂量：_____；
调整2：_____年_____月 药品与剂量：_____；
调整3：_____年_____月 药品与剂量：_____；
调整4：_____年_____月 药品与剂量：_____；
调整5：_____年_____月 药品与剂量：_____；
调整6：_____年_____月 药品与剂量：_____；

雌激素水平（pg/ml）

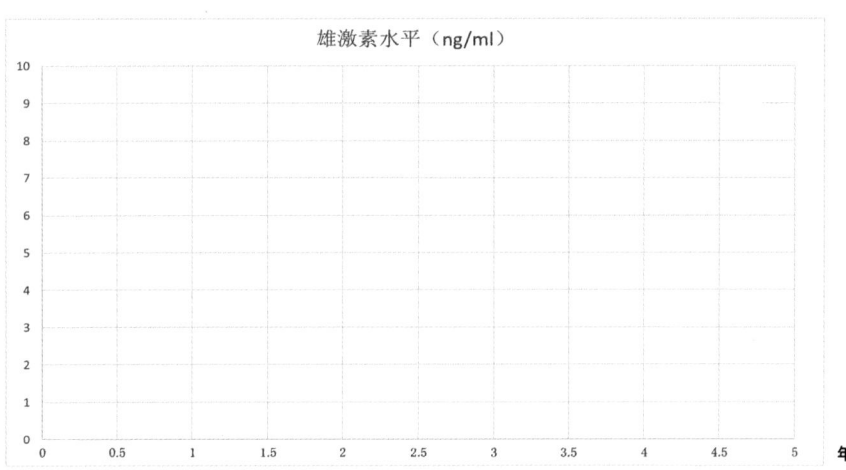

手术治疗：

1. _____年_____月 项目：_____；
2. _____年_____月 项目：_____；
3. _____年_____月 项目：_____；
4. _____年_____月 项目：_____；
5. _____年_____月 项目：_____；

参考文献

【1】EMERTON, Robyn. Finding A Voice, Fighting for Rights: the Emergence of the Transgender movement in Hong Kong［J］. Inter-Asia Cultural Studies, 2006, 7(2): 243-269.

【2】Lauren Hare and Pascal Bernard and Francisco J. Sánchez and Paul N. Baird and Eric Vilain and Trudy Kennedy and Vincent R. Harley. Androgen Receptor Repeat Length Polymorphism Associated with Male-to-Female Transsexualism［J］. Biological Psychiatry, 2009.

【3】Bentz E K, Hefler L A, Kaufmann U, et al. A polymorphism of the CYP17 gene related to sex steroid metabolism is associated with female-to-male but not male-to-female transsexualism［J］. Fertility & Sterility, 2008, 90(1):56-59.

【4】Diamond M. Transsexuality among twins: Identity concordance, transition, rearing, and orientation. International journal of transgender health, 2013,14(1):24-38.

【5】美国心理学会,《解答你的问题：关于跨性别者、性别认同及性别表达》

【6】美国精神医学学会,《精神疾病诊断与统计手册第5版（DSM-5）》,北京：北京大学医学出版社，2016.

【7】世界卫生组织,《国际疾病分类第11版（ICD-11）》,2018年

【8】北同文化,2021年全国跨性别健康调研报告

【9】潘绥铭：2015年男女同性之间情况第四次全国调查结果

【10】Sam Winter. Lost in Transition: Transgender People, Rights and HIV Vulnerability in the Asia-Pacific Region. 2012.5.

【11】性学. https://zhuanlan.zhihu.com/p/347832221.

【12】Morgen Young. Alan Hart (1890-1962) – The Oregon Encyclopedia. https://www.

oregonencyclopedia.org/articles/hart_alan_1890_1962_/#.YyVOzKRByUk.

【13】李尔岑：清代"跨性别者"的日常生活、生计浅探。

【14】Asscheman H, Giltay E J, Megens J A, de Ronde W P, van Trotsenburg M A, Gooren L J. A long-term follow-up study of mortality in transsexuals receiving treatment with cross-sex hormones. Eur J Endocrinol. 2011 Apr; 164(4): 635-42. doi: 10.1530/EJE-10-1038. Epub 2011 Jan 25. PMID: 21266549.

【15】World Professional Association for Transgender Health. Standards of Care for the Health of Transgender and Gender Diverse People, Version 8. https://www.tandfonline.com/loi/wijt21.

【16】American Psychological Association. Appropriate Therapeutic Responses to Sexual Orientation. https://www.apa.org/pi/lgbt/resources/sexual-orientation.

【17】山内俊雄（日）．性别认同障碍的基础与临床．新兴医学出版社．2004年第2版．

【18】Cosyns M, Van Borsel J, Wierckx K, Dedecker D, Van de Peer F, Daelman T, et al. Voice in female-to-male transsexual persons after long-term androgen therapy. The Laryngoscope. 2014 Jun 1; 124（6）: 1409–14.

【19】郭婷婷，李革临，侯倩，任慧，苑黎娜，张驰．跨性别女性的嗓音特点分析［J］．听力学及言语疾病杂志，2021，29(06):608-612.

【20】陈臻，薛超，蒋家琪．嗓音疾病的行为学治疗［J］．中国听力语言康复科学杂志，2016，14（05）：347-350.

【21】中国男性生育力保存专家共识［J］．中华生殖与避孕杂志，2021，41(03):191-198.

【22】林海燕，李予，张清学．女性生育力保存ESHRE 2020年指南解读［J］．实用妇产科杂志，2021，37（06）：420-423.

【23】Wierckx K, Mueller S, Weyers S, et al. Long - Term Evaluation of Cross - Sex Hormone Treatment in Transsexual Persons［J］. The Journal of Sexual Medicine, 2012, 9（10）．

【24】Kallitsounaki A, Williams D M, Lind S E. Links Between Autistic Traits, Feelings of Gender Dysphoria, and Mentalising Ability: Replication and Extension of Previous Findings from the General Population［J］. Journal of Autism and Developmental Disorders, 2021, 51（2）．

【25】UCSF Gender Affirming Health Program, Department of Family and Community

Medicine, University of California San Francisco. Guidelines for the Primary and Gender-Affirming Care of Transgender and Gender Nonbinary People; 2nd edition. Deutsch MB, ed. June 2016. Available at transcare.ucsf.edu/guidelines.

【26】Totaro M, Palazzi S, Castellini C, Parisi A, D'Amato F, Tienforti D, Baroni MG, Francavilla S, Barbonetti A. Risk of Venous Thromboembolism in Transgender People Undergoing Hormone Feminizing Therapy: A Prevalence Meta-Analysis and Meta-Regression Study. Front Endocrinol (Lausanne) . 2021 Nov 9; 12: 741866.

【27】Murad MH, Elamin MB, Garcia MZ, Mullan RJ, Murad A, Erwin PJ, Montori VM. Hormonal therapy and sex reassignment: a systematic review and metaanalysis of quality of life and psychosocial outcomes. Clin Endocrinol (Oxf) . 2010; 72 (2) : 214-231.

【28】Caanen M R, Schouten N E, Kuijper E A M, et al. Effects of long-term exogenous testosterone administration on ovarian morphology, determined by transvaginal (3D) ultrasound in female-to-male transsexuals [J] . Human Reproduction, 2017 (7) : 1457.

【29】Wylie C, Hembree, Peggy T, et al. Endocrine Treatment of Gender-Dysphoric/Gender-Incongruent Persons: An Endocrine Society Clinical Practice Guideline [J] . The Journal of clinical endocrinology and metabolism, 2017.

【30】Wierckx K, Fleur V D P, Verhaeghe E, et al. Short-and long-term clinical skin effects of testosterone treatment in trans men [J] . Journal of Sexual Medicine, 2014, 11 (1) : 222-229.

【31】Giltay E J, Gooren L J. Effects of sex steroid deprivation/administration on hair growth and skin sebum production in transsexual males and females. J Clin Endocrinol Metab. 2000 Aug; 85 (8) : 2913-21.

【32】Radix A, Sevelius J, Deutsch M B . Transgender women, hormonal therapy and HIV treatment: a comprehensive review of the literature and recommendations for best practices [J] . Journal of the International Aids Society, 2016, 19 (3 (Suppl 2)) .

【33】Wansom T, Guadamuz T E, & Vasan S. (2016) Transgender populations and HIV: unique risks, challenges and opportunities. Journal of Virus Eradication 2016; 2: 87-93.

【34】Peitzmeier S M, Khullar K, Reisner S L, et al. Pap Test Use Is Lower Among Female-to-Male Patients Than Non-Transgender Women [J]. American Journal of Preventive Medicine, 2014, 47 (6): 808-812.

【35】Krustrup D, Jensen H L, Brule A, et al. Histological characteristics of human papilloma-virus-positive and-negative invasive and in situ squamous cell tumours of the penis [J]. International Journal of Experimental Pathology, 2009, 90 (2): 182-189.

【36】Grynberg M, Fanchin R, Dubost G, et al. Histology of genital tract and breast tissue after long-term testosterone administration in a female-male transsexual population. Reprod Biomed Online 2010; 20: 553-558.

【37】朱小鹿. 张克沙的奇遇人生. https://baijiahao.baidu.com/s?id=1727370543282776116&wfr=spider&for=pc.

致 谢